教育学のポイント・シリーズ

# 生徒理解・指導と教育相談 新編

岩田 淳子

[編]

学 文 社

## ■執筆者■

| | | | |
|---|---|---|---|
| 岩田 | 泉 | 城西国際大学 | ［問題 1-10, 21］ |
| ＊岩田 | 淳子 | 成蹊大学 | ［問題 11-20, 22-25, 28-32, 37, 42-52］ |
| 光延 | 京子 | 東海大学 | ［問題 26, 27, 33-36, 38-41, 53-65］ |

（＊印は編者，執筆順）

# まえがき

　繰り返されるいじめに関連した子どもの自殺，減少の兆しがみえない不登校，さまざまな個性をもつ児童生徒への適切な理解と対応など，教師には教育相談に関する知識と資質がこれまで以上に求められている。生徒指導・教育相談は，学習指導と関連づけながらおこなわれ，その役割は重要である。困難な課題が山積しているからこそ，適切な知識と確かな教育相談スキルを身につけることが必要である。

　学校や教師に対する批判も聞かれるが，昔も今も，多くの児童生徒たちが，教師により守られ，力づけられ，育まれているのもまた事実である。教師をめざしている学生から「生徒に相談されるような先生になりたい」という声を聞くことは少なくない。ぜひ子どもたちに信頼され相談されるに足る存在になってほしい。そのために，児童生徒理解は根幹であり，本書の内容を学ぶこともまた，その一助になることを願っている。

　編者をはじめ本書の執筆者は臨床心理学を専門とし，スクールカウンセラーや子育て支援をとおして学校とかかわってきた経験をもつ。現代のさまざまな生徒指導・教育相談にかかわる課題が教師という単一の職種のみで解決できるものではないことは，文部科学省の指摘を受けるまでもなく自明である。これからの教師には，教育以外の専門職種とともに，子どもの課題を理解し対応していくことが望まれる。

　臨床心理学の視点からの知見を学校教師と教師をめざす学生に届けることが，必ずや学校現場ひいては児童生徒たちの幸福に結びつくことを信じ，学校教師と教師をめざす学生にエールを送りたい。

　本書は，2007 年に出版された牟田悦子編『生徒理解・指導と教育相談』の新編である。この 10 年間に変わったものと変わらないものがある。変わらない生徒指導・教育相談における基本的事項と，大きく変化した今日的課題を学ぶことができるように，以下のように構成した。第 1 章では現代の学校と児童生徒の課題について概説した。今日の学校の課題は教師のみがかかえるもので

はなく，さまざまな専門性や地域と協働しながら解決をめざしていること。生徒指導・学校教育相談の基盤は，その時代を子どもたちが生きる社会との関連と子どもの発達段階の適切な理解，両方の視点にあることを示した。第2章と第3章では生徒指導と学校教育相談の理論と方法について，基本的な事項を網羅した。教師が学校のなかで生徒指導や教育相談を行う際に必要な知識が得られることをめざした。

　第4章では，学校で生じる児童生徒のさまざまな課題とその対応について考えることができる。不登校といじめについての項目をより詳述するとともに，貧困・インターネット・性的マイノリティなど今日的なトピックスを取り上げた。第5章では，通常の学校における神経発達症群（発達障害）のある児童生徒への対応・支援について理解することができるようにした。第6章では，学童期・青年期にみられる精神医学的問題をまとめた。教師が精神医学的知識を専門的にもつ必要はないまでも，精神疾患への誤解や偏見をなくすことが，子どもたちの精神的健康を守ることにつながるだろう。第7章では，学校教育相談に役に立つ心理支援について紹介した。各心理支援には教師としての指導・相談にも使えるスキルや考え方があることを伝えたいと考えた。

　教職課程を学ぶ学生だけではなく，教師として教壇に立ってからも活用できるガイドブックとしての役割も果たしうると考えている。教育にかかわる多くの方々に手にとっていただければ幸いである。

　最後に，本年3月末に成蹊大学を退職される牟田悦子先生のこれまでのご指導ご鞭撻に心より感謝申し上げたい。


　2018年1月

　　　　　　　　　　　　　　　　　　　　　　　　　岩　田　淳　子

# 目　　次

第1章　現代の学校と児童生徒の課題――――――――――――――――― 7

問題 1　現代の学校の課題とコミュニティスクール（学校運営協議会制度）とは何か　　7

問題 2　「チームとしての学校」とは何か　　9

問題 3　児童期の心理的発達の特徴と課題とは何か　　11

問題 4　思春期の心理的発達の特徴と課題とは何か　　13

問題 5　社会の変貌と社会全体で取り組む児童生徒の課題とは何か　　15

第2章　生徒指導の理論と方法――――――――――――――――――17

問題 6　生徒指導の目的と特徴とは何か　　17

問題 7　生徒指導の方法とは何か　　19

問題 8　教育課程と生徒指導はどのような関係にあるのだろうか　　21

問題 9　生徒指導体制のあり方をどのように理解すればよいか　　23

問題 10　生徒指導に関する法制度を知りたい　　25

第3章　学校教育相談の理論と方法――――――――――――――――27

問題 11　学校教育相談の目的と特徴はどのようなものか　　27

問題 12　児童生徒理解にはどのような視点が必要か　　30

問題 13　児童生徒理解をするための観察のポイントを知りたい　　32

問題 14　児童生徒理解をするための検査を知りたい　　34

問題 15　積極的傾聴はどのように習得するのか　　37

問題 16　生徒との面談における基本とは何か　　39

問題 17　面談記録の意味と具体的な記録の取り方を知りたい　　41

問題 18　生活ノートにどのようにコメントするか　　43

問題 19　保護者との面談における基本とは何か　　45

問題 20　スクールカウンセラーの役割と校内での活用について述べよ　　47

問題 21　スクールソーシャルワークとは何か　　50

問題 22　保健室と養護教諭の役割と教師の連携について述べよ　　52

問題 23　進路指導・キャリア教育との関連性と連携についてどうとらえるとよいか　54

問題 24　学校と関連する専門機関について知りたい　56

問題 25　個人情報の保護と情報開示・共有についてどう考えればよいか　58

### 第4章　さまざまな課題への対応　————————————————————60

問題 26　不登校の実際について知りたい　60

問題 27　中1ギャップとは何か　63

問題 28　家庭訪問と教育支援センター（適応指導教室）をどのように進めるのか　65

問題 29　いじめ問題の経緯といじめ防止対策法について知りたい　67

問題 30　いじめ問題をどのように理解すればよいか　69

問題 31　いじめ問題にどう対応すればよいか　71

問題 32　いじめの重大事態の対応について知りたい　74

問題 33　非行にはどう対応すればよいのか　76

問題 34　暴力行為にはどう対応すればよいのか　79

問題 35　性に関する問題と薬物の問題をどのように理解し対応すればよいのか　81

問題 36　虐待と貧困の問題をどのように理解し対応すればよいか　84

問題 37　子どもの自殺を防ぐために必要な視点と学校で必要な予防教育とは何か　87

問題 38　インターネットにかかわる問題をどのように理解し対応すればよいのか　90

問題 39　多様な生徒への対応（外国にルーツをもつ子どもたち，子どもの性的マイノリティ）　92

問題 40　中途退学の問題をどのように理解し対応すればよいのか　95

問題 41　学校の危機についてどのように理解し対応すればよいか　97

### 第5章　神経発達症群（発達障害）と特別支援教育　————————————99

問題 42　インクルーシブ教育システムと合理的配慮とは何か　99

問題 43　神経発達症群（発達障害）とは何か　101

問題 44　自閉スペクトラム症を適切に理解し支援にいかしたい　103

問題 45　注意欠如多動症（ADHD）と限局性学習症を適切に理解し支援にいかしたい　105

問題 46　未診断だが発達特性のある児童生徒や家族へどのように対応すればよいか　107

問題 47　特別支援教育における支援のシステムとは何か　109

問題 48　個別の教育支援計画を理解し活用したい　111

問題 49　個別指導計画を理解し活用したい　113

問題 50　教室での特別支援教育とは何か　115

問題 51　特別支援教育コーディネーターの役割と活動を理解したい　117

問題 52　児童生徒のための障害理解教育をどのようにおこなうことができるか　119

### 第6章　学童期・青年期にみられる精神医学的問題───────── 121

問題 53　学童期・青年期にみられる精神医学的問題とは何か　121

問題 54　症状・問題行動の意味とは何か　123

問題 55　うつ病と抑うつ・不安症・強迫症とは何か　125

問題 56　睡眠・摂食の問題とは何か　128

問題 57　統合失調症スペクトラム・パーソナリティ障害とは何か　130

### 第7章　学校教育相談に役に立つ心理支援───────────── 132

問題 58　来談者中心療法を理解し教育相談にいかしたい　132

問題 59　行動療法と認知行動療法を理解し教育相談にいかしたい　134

問題 60　ストレスマネジメントを理解し教育相談にいかしたい　137

問題 61　解決志向アプローチ（ブリーフカウンセリング）を理解し教育相談にいかしたい　139

問題 62　交流分析を理解し教育相談にいかしたい　141

問題 63　動機づけ面接法を理解し教育相談にいかしたい　143

問題 64　家族療法と家族支援を理解して教育相談にいかしたい　145

問題 65　構成的グループエンカウンターを理解し教育相談にいかしたい　147

引用文献　149

索　引　153

**問題
1**　現代の学校の課題とコミュニティスクール（学校運営協議会制度）とは何か

**現代の学校の課題**　中央教育審議会答申「新しい時代の教育や地方創生の実現に向けた学校と地域の連携・協働の在り方と今後の推進方策について（平成27年）」において指摘されている社会の状況と子どもたちをとりまく教育環境について概説する。本答申は，「未来を創り出す子どもたちの成長のために，学校のみならず，地域住民や保護者等も含め，国民一人一人が教育の当事者となり，社会総掛かりでの教育の実現を図る」ことを理念としている。

　少子高齢化，グローバル化，情報化が進行する社会のなかで多様な主体が早いスピードで相互に影響しあい，1つの出来事が広範囲かつ複雑に伝播してきているために，先を見通すことが一層困難になっている。地域社会の教育力の低下や家庭の教育力の低下については，これまでも指摘されつづけているものの，より事態は深刻化しているといえよう。

　子どもたちの教育環境に目を向けると，さらなる少子化が進行するなか，子どもたちの規範意識や社会性，自尊意識などに対する課題，生活習慣の乱れによる学習意欲や体力・気力の低下の課題などが指摘されている。

　学校における状況では，いじめや暴力行為などの問題行動の発生が続いているほか，不登校児童生徒数，特別支援学級・特別支援学校に在籍する児童生徒数，日本語指導が必要な外国人児童生徒数等の増加など，多様な児童生徒への対応が必要となっている。その環境は複雑化・困難化を極めており，質的にも量的にも教員だけで対応することがむずかしくなってきているとの認識が示されている。

**コミュニティスクール（学校運営協議会制度）と教師の未来**　現状をふまえ「社会に開かれた教育課程」を柱とする学習指導要領の改訂，チームとしての学校（問題2参照），教員の資質能力の向上など，昨今の学校教育をめぐる改革

の方向性と地方創生の動向から，学校と地域の連携・協働の重要性（問題5参照）が指摘されている。そこで，学校と地域のめざすべき連携・協働の姿を具現化した提案がコミュニティスクール（学校運営協議会制度）である。コミュニティスクールは，学校が地域住民や保護者と教育目標を共有し，組織的・継続的な連携を可能とする法律（地方教育行政の組織及び運営に関する法律）に基づいた仕組みである。学校がチームとして教育力・組織力を発揮するとともに，学校と地域が適切に役割分担をすることで，子どもたちの健やかな成長と質の高い学校教育の実現を目指している。

学校運営協議会の主たる役割は，校長の作成する学校運営の基本方針（教育の目標や目指すべき子ども像など）について協議し，承認することである。教育委員会や校長に意見を出すことや，教職員の任用に関して教育委員会に意見を出すこともできる。学校への保護者や地域からの批判が厳しいなか，教育活動の方針のみならず，結果や成果についても地域住民とともに協議するため，結果責任を共有し，学校だけが一方的に責められることを無くし，社会全体の教育への当事者意識を高めることが期待されている。

コミュニティスクールの導入は年々増加し，平成29年には「地方教育行政の組織及び運営に関する法律」の一部が改正され，全ての公立学校がコミュニティスクールになることを目指し，その設置が努力義務化された。

今後どのような教育改革が進行しようとも，教師は**公共的使命**に基盤をおく高度な専門職である。コミュニティスクールの導入に象徴される教育改革は，教育目的を多層化し拡大することを要請しており，ともすれば，教師たちの職業意識と実践を混迷させる側面をも孕む。教職を志す人々は，これまでの教師以上に，幅広い柔軟な思考により新しい時代にふさわしい教職の使命を自覚する必要がある。

[岩田泉]

**参考文献** 貝ノ瀬滋『図説コミュニティスクール入門』一藝社，2017
文部科学省「新しい時代の教育や地方創生の実現に向けた学校と地域の連携・協働の在り方と今後の推進方策について（答申）」→ウェブページURLは巻末の引用文献を参照

# 問題 2 「チームとしての学校」とは何か

　これからの学校教育では，子どもたちが自ら課題を発見し，他者と協働してその解決に取り組み，新たな価値を創造する力を身につけること，国際的に活躍できる人材や多様な文化や価値観を受容し共生していくことができる人材を育成することが必要である。さらに，生徒指導上の問題や特別支援教育対象の児童生徒数の増加など，従来よりも複雑化・多様化している学校の課題に対応していくためにも，学校組織全体の総合力を一層高めていくことが重要である。そのためには，教員の資質能力の向上とともに，教員が専門性を発揮できる環境を整備することが求められている。

　とくに，わが国のおかれている教員の状況は，①教員以外の専門スタッフが諸外国に比べて少ない，②児童生徒の個別ニーズが多様化しており，教員に求められる役割が増大している，③教員の勤務時間が長い，という問題をかかえている。そこで，教員とは異なる専門性や経験を有する専門的スタッフを学校に配置し，教員と教員以外の者がそれぞれ専門性を連携して発揮し，学校組織全体が1つのチームとして力を発揮することで，教員は授業など子どもへの指導に一層専念できるよう，学校組織全体の総合力を高めていこうとする取り組みが，「チームとしての学校」（「チーム学校」）である。

　**具体的な方策―専門性に基づくチーム体制の構築を中心に**　「チームとしての学校」を実現するための方策として，①専門性に基づくチーム体制の構築，②学校のマネジメント機能の強化，③教員一人ひとりが力を発揮できる環境の整備が掲げられている。生徒指導・教育相談の観点からかかわりが深い①について詳述する。

　教職員の指導体制の充実のために，アクティブ・ラーニングの視点からの授業改善，**いじめ**，**特別支援教育**，**帰国・外国人児童生徒**などの増加，子どもの**貧困**などに対応した必要な教職員定数を拡充することがあげられている。これらは，すべて教育相談の喫緊の課題である。適切な教職員の数が確保されなけ

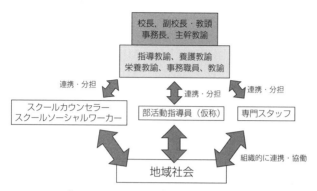

「チームとしての学校」のイメージ（文部科学省，2017）

れば，対応しきれないことは自明である。教員以外の専門スタッフの参画について，現在，配置されているスクールカウンセラー，スクールソーシャルワーカーを拡充するために法令に位置づけること，そのほかにも，学校司書の配置の充実，部活動指導員（仮称）を法令に位置づけること，医療的ケアをおこなう看護師を配置すること，が盛り込まれている。

　チーム学校の推進は教師にとって，専門性の分化と統合，あるいは協働性を試されているともいえる。多職種が子どもにかかわることは，互いの専門性について認識するとともに，他職種から教師に求められている職能を認識することにもなる。児童生徒理解の視座を確認し，より多角的・多面的な生徒指導・教育相談の可能性を模索する機会となることが期待される。　　　　　［岩田泉］

**参考文献**　松田恵示・大澤克美・加瀬進編『教育支援とチームアプローチ──社会と協働する学校と子ども支援』朱鷺書房，2016
　　　　文部科学省「チームとしての学校の在り方と今後の改善方策について（答申）」2017
　　　　　→ウェブページ URL は巻末の引用文献を参照

**問題3**　児童期の心理的発達の特徴と課題とは何か

　**児童期の心理的発達の特徴と発達課題**　小学校に在学する学齢期は，発達心理学的には**児童期**（学童期）といわれる。

　児童期は身体的変化が少し落ち着いていき，心理的にも比較的安定した時期である。現実的・情緒的には親に保護され依存している一方で，親以外の人間との関係を築き，社会的関係を広げてゆく。

　運動の調整能力が発達して身体全体を使いこなせるようになり，言語は日常のコミュニケーションが不自由なくできるようになるだけでなく思考のためにも使えるようになる。認知能力もさらに発達し，論理的操作が可能になり，児童期後半には抽象的思考もできるようになる。交通機関の利用や買い物など，一通りの社会的行動もとれるようになるとともに，家族以外の対人関係は友人関係をはじめとして質・量ともに増す。

　児童期の最大の特徴は就学に伴い，教育という社会的な義務を果たす，心理・社会的な要素が増えていくことにある。学校で，読み書きや算数の学習指導，集団性，社会性の指導がおこなわれ，社会で生きていくのに必要な知識や技術を身につけていくことが発達課題となる。学校が主要な社会的関係の場面として機能し，幼児期の自己中心性から脱して他者の視点がとれるようになる。いっぽう，自分のしたいことがあっても教室では我慢する，教師や友だちとの関係など，自分と社会的要請，自分と他者との間で葛藤を生じる場面も増えるため，**欲求不満耐性**や不安を緩和するさまざまな防衛機能（抑圧，反動形成，合理化，昇華など）を獲得する。学校という社会的状況への適応と自分らしさの発揮とのバランスが重要であり，その過程でパーソナリティーの発達や対人関係能力などいわゆる社会性発達が進行していく。これらは，きたるべき思春期を乗り切るための力ともなる。

　**エリクソン**（Erikson,E.H.）による**心理社会的自我発達理論**では，成長・健康に向けてのプラスの力と退行・病理に向かうマイナスの力が対となり拮抗し，

両者のダイナミックなバランス関係から**発達的危機**が生じると考えられている。児童期の発達的危機は勤勉性対劣等感 である。学ぶこと，一生懸命励み取り組むことをとおして周囲から認められたり，自分の有能さを確認し，集団のなかで役割を見つけていく。自分の能力を他者と比較して抱く「劣等感」を経験しつつも，勤勉性につながる多くの経験を積み重ねられることが重要である。

**児童期に生じる問題と対応**　緘黙，チック，かんしゃく，抜毛，円形脱毛，夜驚，排泄の問題（夜尿・遺糞），起立性調節障害，不登校などが，この時期によくみられる問題である（問題 53，54 参照）。認知・言語は発達してきているとはいえ，自分が感じていることや思いを意識化したり言語化して表現することは拙い。心の問題がうまく表出し解消しえない場合に，身体症状や行動上の問題につながりやすいと考えられる。教師としての対応の原則は，スクールカウンセラーなど専門家にコンサルテーションを受けることである。たとえば，緘黙に対して，無理に話させようとしたり，チック症状に対して注意する，などは不適切な対応になる。保護者とも十分に連絡を取り合うこと，症状のみにとらわれずに，子どもの全体的な状態（活動の質や量，元気さなど）に留意する視点が必要である。

　発達障害も，児童期に気づかれる，あるいは事例化する場合も少なくない。特に未診断で保護者の理解もない場合には，慎重で適切な対応が望まれる（第5章参照）。　　　　　　　　　　　　　　　　　　　　　　　　　　　［岩田泉］

**参考文献**　石川信一・佐藤正二『臨床児童心理学—実証に基づく子ども支援のあり方』ミネルヴァ書房，2015

## 問題4 思春期の心理的発達の特徴と課題とは何か

**思春期の心理的発達の特徴と発達課題** **思春期**とは，生物学的には第二次性徴の発現に始まり，長骨骨瑞線の閉鎖（17〜18歳）をもって終わる身体的成長の期間をさす生物学的な概念である。学校区分としては中学・高等学校などに在籍する生徒である。いっぽう，**青年期**とはより心理社会的な変化を特徴とする概念であり，その時期は思春期と重なり，青年期初期が中学生，中期が高校生，後期が大学生以降，30歳くらいまで遷延しているとされる。

思春期は**第二次性徴**を迎えるのに前後して，身体的に急激な変化を経験するため，心理的にも非常に混乱する時期といわれる。身長や体重の変化，初潮や精通などの生理的変化は，戸惑い，意識を自分に向かわせ，他人からの評価に敏感になりやすい。他人と自分との比較や，他者の視点に写る自分の姿に対して強い関心をもつことが特徴である。

エリクソンによれば，生涯を通じて課題となる**アイデンティティ確立**と拡散が発達的危機のテーマである。小学校までの親や教師により培われてきた価値観の問い直しや，自分なりの価値観を模索する自立の試みが始まる。
「自分とは何者なのか」という問いは，「時間的な自己の同一と連続性の認識（これまでの自分，今の自分，これからの自分という縦軸としての連続性）」「他者が自己の同一と連続性を認知していることの認識（周囲からみられる自分と自分が認識する自分像との連続性），2つの認識が得られることで成立する。

発達課題に取り組むなかで，親との距離をおき（親離れ），仲間との絆を深め，友人が，主要な**社会的支援（ソーシャルサポート）**になる。一方で，他者の目に映る自分の姿にとらわれたり，他者の顔色をうかがうことが高じると自意識過剰になって動きがとれなくなってしまう。不安定感や孤独感を解消するために，勉学やスポーツに勤しんだり，周囲を困らせる問題行動を起こしてみたり，内向したり，とさまざまな姿をみせる中高生は，いろいろな意味でエネルギーにあふれている。

**第2次反抗期**と呼ばれる時期でもある。ときには親や教師などの権威への反発や社会的な既存の規範に対して反抗する姿がみられる。子どもが心理的に親から自立していくためには必要なプロセスとされてきた。しかし，現在，教職をめざす学生に問うと，反抗期がなかった，ピンとこないと語る者も多い。背景には，価値基準の多様化を尊重し，養育が親和性の濃いものになっている親子関係があると考えられる。「第2の誕生」「心理的離乳」といわれた思春期葛藤のあり方が時代とともに変化をみせているのかもしれない。

　**思春期に生じる問題と対応**　思春期に発症率の高い精神医学的問題は，不登校をはじめ，強迫性障害，摂食障害，統合失調症，対人恐怖（社交不安障害）などがあげられる。家庭内暴力，リストカット，性的な問題行動などもみられやすい（第6章参照）。

　教師の対応としては，思春期の子どもたちが，依存と反抗という両価的な態度をもつこと，児童期とは別の意味で，自分の思いや考えを意識したり，言葉で表現することがむずかしいという理解が必要である。「わかって欲しいけれども，わかられたくない」「何かモヤモヤしているけれども，自分でもどう表現してよいのかわからない」という心性は，教師の経験談を話しても，説得をしても，あるいは，気持ちや考えを追求しても立ちゆかない。指導すべきことを指導し，伝えるべきことは伝えながらも，「見守る」姿勢も大切になる。

　現実的な対応として留意すべきことは，生徒の性的成熟との関連である。指導する生徒と教師の性別が異なる場合には，生徒と同性の教師が同席する，身体接触はもとよりパーソナルスペースに配慮する，身体にまつわる発言など誤解を招く言動をしないなどは，厳に留意すべきである。　　　　　　　　　　［岩田泉］

**参考文献**　高坂康雅・池田幸恭・三好昭子『レクチャー　青年心理学—学んでほしい・教えてほしい青年心理学の15のテーマ』風間書房，2017

# 問題 5 社会の変貌と社会全体で取り組む児童生徒の課題とは何か

　人は社会のなかで生活しているのだから，どの時代に学校時代を過ごすとしても，時代ごとにその時代背景に影響を受けることは否めない。下図は，平成25年度に作成された経済状況と各世代の関係である。現在（2017年）中高時代を過ごす生徒は，バブル崩壊はおろか，「阪神淡路大震災」，リーマンショックを知らずに誕生し，インターネットが普及した家庭のなかで育ち，大災害とテロの脅威にさらされた時代のなかで成長してきている。そして，人口減少，超高齢化社会を生きている。

　こうした社会のなかで生じている青少年をめぐる問題は，家庭，学校，地域社会など広範な領域にわたるさまざまな要因が絡み合った問題であり，その対策は社会全体で総合的に進められる必要がある。『平成29年版　子供・若者白書（概要版）』では，「第4章　子供・若者の成長のための社会環境の整備のなか」で「家庭，学校及び地域の相互の関係の再構築」として，以下の項目について言及している。

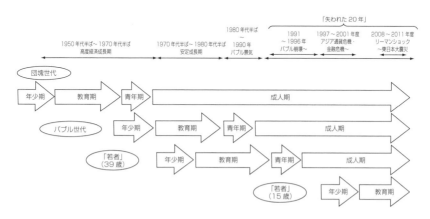

**経済状況と各世代の関係**（「平成25年度厚生労働白書」）

**保護者とへの積極的支援**　家庭教育支援（相談対応の組織化や保護者への学習機会の企画・提供など）と養育の多様化への支援（社会的養護が必要な児童のための里親制度など）を推進する。

**「チームとしての学校」と地域との連携・協働**　①地域全体で未来を担う子どもたちの成長を支え，地域を創生する「地域学校協働活動」を全国的に推進，②コミュニティスクール（問題1参照）の一層の普及・啓発を図るための施策，③学校評価と情報提供を推進する。

**地域全体で子どもを育む環境づくり**　①「放課後子ども総合プラン」の推進，②中高生の放課後などの活動支援（経済的な理由や家庭の事情により，家庭学習が困難，学習習慣が十分に身についていない中学生・高校生などに対する原則無料の学習支援を推進），③地域で展開される多様な活動の推進（環境学習，自然体験，スポーツへの参加機会の拡充や文化活動の奨励など）する。

**子供・若者が犯罪等の被害に遭いにくいまちづくり**　通学路やその周辺における子どもの安全の確保のための支援など。

**青少年の保護育成のための法制度**　2008（平成20）年には「**青少年育成施策大綱**」が策定され，重点課題として，「①健やかな成長の基礎形成のための取組，②豊かな人間性をはぐくみ，社会で生きる力と創造力を身に付けていくための取組，③困難を抱える青少年の成長を切れ目なく支援するための取組」があげられた。　また，社会生活を円滑に営むうえで困難を有する子どもや若者を支援するための地域ネットワークの整備を主な内容とする「**子ども・若者育成支援推進法**」が，2010（平成22）年4月に施行された。ほかにも，「**青少年保護育成条例**」などにより，インターネット利用環境の整備なども法整備されている。教師がすべての法制度を理解することはむずかしいが，児童生徒は学校のみならず，社会に守られ育まれることを念頭に，教師の役割を果たすことが大切である。

［岩田泉］

**参考文献**　武田明典編『教師と学生が知っておくべき教育動向』北樹出版，2017
内閣府『平成29年版子供・若者白書（概要版）』→ウェブページ URL は巻末の引用文献を参照

## 問題 6　生徒指導の目的と特徴とは何か

　生徒指導とは，社会のなかで自分らしく生きることができる大人へと児童生徒が育つように，その成長・発達を促したり支えたりする意図でなされる働きかけの総称である。学校生活のなかで児童生徒自らが，その社会的資質を伸ばすとともに，さらなる社会的能力を獲得していくこと（社会性の育成），それらの資質・能力を適切に行使して自己実現を図りながら自己の幸福と社会の発展を追求していく大人になること（社会に受け入れられる自己実現）をめざして，児童生徒の自発的かつ主体的な成長・発達の過程を支援していく働きかけである。

　生徒指導提要（文部科学省，2010）によれば「一人ひとりの児童生徒の人格を尊重し，個性の伸長を図りながら，社会的資質や行動力を高めることを目指して行われる教育活動である」と定義している。その意義について「教育課程の内外において一人ひとりの児童生徒の健全な成長を促し，児童生徒自ら現在および将来における自己実現を図っていくための自己指導能力の育成」と述べられている。

　**生徒指導を通して育む資質や能力**　生徒指導は，問題となる行動を規制し正すことではない。形だけの指導・叱責・罰則により行動が抑制されたとしても，その行動の背景にある生物学的要因（脳神経系の機能不全や遺伝など），心理的要因（感情や信念，行動パタンなど），社会的要因（経済的，文化的要因やサポート資源の有無など）の理解が不足していれば，生徒のかかえる問題の解決や真の学校および社会生活の適応にはつながらない。

　生徒指導を通して育まれていくことが期待される能力としては，①自発性・自主性：能動的に取り組んでいく姿勢や態度，②自律性：自分の欲求や衝動をコントロールする，自ら律する能力，③主体性：思いどおりではない行動を求められたときに，自分なりに意味づけ工夫して主体的に取り組もうとする資質，

があげられている。これらの能力を獲得していく過程を大切にしたい。

　生徒指導の文脈では，**自己指導能力**の育成が強調されている。自己指導能力とは，生活のなかで起こる問題や課題を自ら見つけて，目標を立てて，その達成に向けて必要な行動を考え，適切な方法を選んで，実行する力をさしている。

　**生徒指導と予防という側面**　問題を防ぐための取り組みとしては，問題に対する専門的な知見をふまえ，早期発見・早期対応を徹底したり，発生を予測するなど，課題のある児童生徒を念頭においておこなわれる問題対応型の予防とすべての児童生徒が問題を回避・解決できる大人へと育つことを目標におこなわれる健全育成型の予防，2つに分けて考えることもできるので参照してほしい（表）。

| 問題対応型発想の予防は… 対象を絞り込み，**狭く・深く・早く** | | 健全育成型発想の予防は… 全ての児童生徒に，**広く・浅く・じっくり** |
| --- | --- | --- |
| 1）大人が専門的な技能を駆使し | **V.S.** | 1）大人は適切な場や機会を提供し |
| 2）課題のある児童生徒を変えることで | | 2）全児童生徒が自ら成長発達することで |
| 3）目の前の問題の解決や解消を図る | | 3）将来にわたる問題の回避や解決を促す |
| ▷児童生徒は客体（大人が主導） ▷他動詞の「直す・変える」 ▷主たる関心は，3） | | ▷児童生徒が主体（大人は黒子） ▷自動詞の「育つ・変わる」 ▷主たる関心は，2） |
| 早期発見・早期対応のように，治療の延長線上で早めの対応を開始しようとするのが，「治療的予防」 | | 体力や免疫力の向上のように，そもそもが予防のためになされる教育の働きかけが，「教育的予防」 |

**生徒指導における予防**

（生徒指導・進路指導研究センター「生徒指導リーフ」国立教育政策研究所，http://www.nier.go.jp/shido/leaf/#leaf-series）

［岩田泉］

横湯園子・世取山洋介『「ゼロトレランス」で学校はどうなる』花伝社，2017

　生徒指導の方法とは何か

**生徒指導の指導原理**　生徒指導は，児童生徒一人ひとりが自己実現に向けてそれぞれの個性を伸ばし，社会的な資質を高めることを支援するための教育的活動であり，教師は以下の指導原理に基づいて実践することが求められる。

　人間尊重の原理：児童生徒は成長の途上にあり，未成熟の部分はあるけれども「一人の人間としてかけがいのない存在である」という意識・態度をもつことが重要である。

　個別性の原理：児童生徒は独自の個性をもつ存在であることを認めて，一人ひとりの個性や内面について理解を深めるとともに，個に目を向けた指導をおこなうことが望ましい。

　発達支援の原理：教師は一方的に働きかけて児童生徒の行動を規制していくよりも，児童生徒一人ひとりがもっている成長する力を支援するというものでなければならない。

　統合性の原理：生徒指導の実践にあたって，生徒指導と教科などの指導が別々に切り離しておこなうものではないことを認識して取り組むことが大事である。

**集団指導と個別指導**　集団指導と個別指導には，集団指導を通して個を育成し，個の成長が集団を発展させるという相互作用により，児童生徒の力を最大限に伸ばすことができるという指導原理がある。なお，集団指導と個別指導のどちらにおいても，①「成長を促す指導」，②「予防的指導」，③「課題解決的指導」の3つの目的に分けることができる。

**集団指導の指導原理**　集団指導とは，集団へのかかわりを通して，生徒指導をおこなう方法である。日本の学校では，学級・ホームルーム，授業，クラブ活動，部活動，生徒会など，集団を単位として教育活動がおこなわれている。集団指導における教育的意義は，社会の一員としての自覚と責任の育成，他者との協調性の育成，集団の目標達成に貢献する態度の育成にあるとされている。

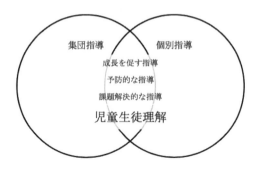

**集団指導と個別指導の指導原理**（文部科学省「生徒指導提要」）

　児童生徒は，自分とはちがったさまざまな個性や価値観をもつ他者と一緒に生活し，発達段階に応じて，集団のなかで日直，当番，委員などの役割を果たす。係活動やクラブ活動，委員会活動に対しても，児童生徒は一緒に協力して責任をもって取り組むことを学ぶ。集団指導においては，目標を明確にし，それに向けての方法や取るべき役割などが共通に理解できるようにするとともに，児童生徒が所属感や充実感をもてるように配慮することが必要である。

　**個別指導の指導原理**　個別指導とは，教師が児童生徒に対して個別的に働きかけをおこなう。一人ひとりの児童生徒がもっている個性や能力を最大限に伸ばすことを重視する。とくに今日の学校には多様な児童生徒が在籍しており，個別的な理解と個別的な指導が必要な状況が少なくない。生徒指導における個別指導が，懲罰的な個別指導に終始することなく，生徒の人間的成長を図るような視点で指導にあたることが大切である。また，個別指導では，カウンセリングマンドをもって生徒にかかわり，適切な指導・援助ができるようにしたい。生徒がいつでも必要なときに教育相談が受けられるよう体制を整備したり，教育相談週間の設置などを通して，すべての生徒が適切な予防的または開発的個別指導が受けられるようにすることが望ましい。　　　　　　　　　　［岩田泉］

**参考文献**　林尚示・伊藤秀樹『生徒指導・進路指導：理論と方法』学文社，2016

# 問題8 教育課程と生徒指導はどのような関係にあるのだろうか

　生徒指導は，教育課程における特定の教科等だけで行われるものではなく，学校の教育活動全体を通じて行われるものである。教科指導と生徒指導は相互に深くかかわりあっており，教科において生徒指導を充実させることは，生徒指導上の課題を解決するにとどまらず，児童生徒一人ひとりの学力向上にもつながるという意義がある。

　各学校段階の教育内容の詳細について標準を定めた**学習指導要領**には，その総則に生徒指導の課題が示されている。「学習指導要領解説」には教科別の具体的な内容までもが示されており，その内容が，学校生活の中心ともいえる授業のなかで取り上げられ中身になる。しかし，生徒指導の場合には，以下に示すように，大まかな方向性はふれられているが，具体的な内容がこと細かに示されているわけではない。たとえば，2017（平成29）年3月に公示された新学習指導要領（中学校学習指導要領）総則編の「第4章　生徒の発達の支援」のなかに，生徒指導について記載されているのは以下の一文である。

　「生徒が，自己の存在感を実感しながら，よりよい人間関係を形成し，有意義で充実した学校生活を送るなかで，現在および将来における自己実現を図っていくことができるよう，生徒理解を深め，学習指導と関連付けながら，生徒指導の充実を図ること。」

　なお，高等学校学習指導要領は2018（平成30）年度に改訂をおこなう予定であり，現行の高等学校学習指導要領（「高等学校学習指導要領解説編」文部科学省，2009）では「教師と生徒の信頼関係および生徒相互の好ましい人間関係を育てるとともに生徒理解を深め，生徒が自主的に判断，行動し積極的に自己を生かしていくことができるよう，生徒指導の充実を図ること」と定められている。

　また，滝（2012）は学習指導と生徒指導の相違点について「学習指導の中心は，教科の枠組みの中で基礎的・基本的な知識や技能を習得させたり，それらを活用して問題を解決できる能力をはぐくんだりする活動」であるのに対し

て，「生徒指導の中心となるのは，学習指導を行う際の前提のさらに前提となるような資質や能力，社会生活の基礎のさらに基礎となるような資質や能力をはぐくんでいく活動」としている。そのうえで，「学習指導のねらいがうまく実を結ぶには，教師からの働きかけを受け止める素地や構えなどが児童生徒に備わっていなければ」ならず，「学んだ内容を好ましい形で発揮するには，自己を見つめたり自他を客観的に捉えたりする力なども必要になる」とし，「学習指導は教育課程の中心である学習指導が確実に児童生徒の社会的な成長・発達へとつながるよう，全体を見通して指針を示したり，直接的・間接的に補う基盤づくりや補強のための働きかけを生徒指導が担っている」と述べている。

　教師が，学習に意欲的に取り組めず，私語や不適切な言動を繰り返す生徒への指導をおこなう場面は少なくない。すべての児童生徒が意欲的に学習に取り組める授業をおこなうことが理想ではあるものの，個々の児童生徒の個性や意欲，学習能力，子どもをとりまく環境が異なるのは当然である。現実的には，その場で注意をするが，その状態が継続し学習が滞っている，あるいは反抗的な態度で注意を無視するという事例では，個別指導や教育相談が必要となるだろう。

　生徒指導，学習指導，教育相談の有機的，相互的な機能を十分に活用する体制と教師の意識のパラダイムシフトが望まれる。　　　　　　　　　　［岩田泉］

**参考文献** 林尚示・伊藤秀樹『生徒指導・進路指導：理論と方法』学文社，2016
国立教育政策研究所「生徒指導を理解する〜『生徒指導提要』入門〜」→ウェブページ URL は巻末の引用文献を参照

## 問題9　生徒指導体制のあり方をどのように理解すればよいか

　生徒指導体制とは，校長のリーダーシップのもと，生徒指導部など校務分掌組織はもとより，学級担任や学年の連携，教職員の役割分担，学校全体の協力体制，さらには関係機関との連携など，学校における生徒指導の全体的な取り組みをさす。生徒指導体制の要の役割は，**生徒指導主事**が担う。生徒指導主事とは，「校長の監督を受け，学校における生徒指導計画の立案，実施，生徒指導に関する資料の整備，生徒指導に関する連絡・助言等生徒指導に関する事項をつかさどり，当該事項について連絡調整および指導，助言に当たるとともに，関係教職員に対する指導，助言に当たる者」をさす。

　校内生徒指導体制の実施主体は**校務分掌**のなかの生徒指導部に位置づけられる。生徒指導主事を中心に，各学年の主任や生徒指導担当，養護教諭などから構成されることが多い。生徒指導の組織・運営の基本原理としては，①全教職員の一致協力と役割分担，②学校としての指導方針の明確化，③すべての児童生徒の健全な成長の促進，④問題行動の発生時の迅速かつ組織的な対応，⑤生徒指導体制の不断の見直しと適切な評価・改善があげられる。

　**情報連携と行動連携**　滝（2012）は，組織や体制は，個々の教職員の動きが共通の目的に向かってつながる「連携」が重要であると指摘している。「連携」には，すべての関係者に，生徒指導の遂行上，必要となる目的や課題が共有される**「情報連携」**と，情報連携の上に立って行動レベルで連携ができる**「行動連携」**が求められる。目的や課題の達成のための体制や組織であり，具体的な行動レベルにおいて共同歩調や役割分担に応じた行動をとることが必要になる。さらに，滝は互いに分担した役割を個々が自覚するとともに，相手の役割を認識したうえで自分の役割を果たす**「役割連携」**の重要性にも言及し，学校内のみならず学校間や家庭や地域との連携，具体的には小中連携や地域連携において，単に「年に1回，協議会を開催している」などのような情報連携にとどまらない，行動連携や役割連携がなされることが重要と指摘している。

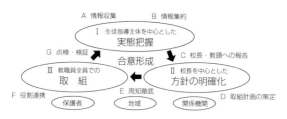

**生徒指導の実践・評価サイクル (高等学校編)**
(国立教育政策研究所生徒指導研究センター「生徒指導の役割連携に向けて」)

**高等学校における生徒指導体制**　図は，高等学校での生徒指導が組織的に行われるためのサイクルと，その際求められる生徒指導主事の基本的な行動を表したものである。生徒指導主事を中心としつつ，教職員全員で家庭や地域など，多方面から「A 情報収集」し，適切に「B 情報集約」することで実態を把握する。

　把握した状況と課題を，生徒指導主事は，定期的に「C 校長・教頭への報告」する。校長が決定した指導・対応方針を，Ⅲの教職員全員での取組のなかで実効性のあるものにするため，生徒指導主事は，「D 取組計画の策定」を進めつつ，早い段階から「E 周知徹底」のための検討も併せておこなう。教職員間で合意形成を図って取り組むには，生徒指導主事は，Ⅱの校長を中心とした方針の明確化において，校長が決定した指導・対応方針の「E 周知徹底」を図ることが重要である。このことは，生徒指導を進めるにあたっての協力体制の確立と教職員間での指導の「ぶれ」の回避につながる。「E 周知徹底」を図ったあとは，教職員全員で取り組みを始める。教職員全員での取り組みには分担された役割が有効に作用するように「F 役割連携 」の意識を醸成する。より効果的な指導をおこなうには，取り組みを定期的に「G 点検・検証」するなかで，指導の改善を図ることも組織が活性化するためのポイントであることを示している。

[岩田泉]

**参考文献**　林尚示・伊藤香樹『生徒指導・進路指導：理論と方法』学文社，2016

## 問題 10 生徒指導に関する法制度を知りたい

　家庭や地域をとりまく環境の変化に伴い，学校が直面する諸課題が複雑化するなかで，生徒指導において法的な問題が問われることも少なくない。そこで，本項では，児童生徒の健康な発達を支援し学校教育を効果的におこなうための法制度について，とくに社会的な議論にもなっている懲戒，体罰，出席停止を中心に概説する。

　なお，**校則**に法的根拠はない。しかし，学校は自律的な部分社会であり，そこでの内部規律については法や人権が犯されないかぎり外部は干渉すべきでないとする部分社会論や，主に私立学校においては，校則の存在や学校の制定権について，入学時に自由意志に基づいて契約が成立したものと（明文の規定がなくても）考える在学契約論により法的根拠があるとする立場がある。また，裁判例によると，社会通念上合理的と認められる範囲で，校長は校則などにより児童生徒を規律する包括的な機能をもつと解されている。

　**教育基本法と学校教育法**　**教育基本法**は，日本国憲法の精神を体現する国民を育てていくための基本理念として，また憲法の理念に加え，男女平等教育，学校教育など，さらに制度としての教育を支える行政の役割について，基本的な役割を制定している。

　**学校教育法**は，教育の目標を具体的に示し，各学校の教育の目標から教育課程などについて規定している。さらに，各学校段階での具体的な学校組織運営の手続き，心身障害児童も含めた就学義務とその手続きについて，同施行規則・同施行令で規定している。なお，私立学校についても基本的な内容については規定されているが，詳細な定めは**私立学校法**になる。

　**学校教育法と懲戒・体罰**　児童生徒の教育上必要があると認められたときに，児童生徒を叱責したり，処罰する**懲戒**は，第11条で「校長及び教員は，教育上必要があると認めるときは，文部科学大臣の定めるところにより，学生，生徒及び児童に懲戒を加えることができる。ただし，体罰を加えることはできな

い。」と規定している。とくに，**体罰**については，2013（平成25）年に文部科学省は各都道府県教育委員会などに対して「体罰の禁止及び児童生徒理解に基づく指導の徹底について」を通知した。このなかで「懲戒の内容が身体的性質のもの，すなわち，身体に関する侵害を内容とするもの（殴る，蹴る等），児童生徒に肉体的苦痛を与えるようなもの（正座・直立等特定の姿勢を長時間にわたって保持させる等）に当たると判断された場合には，体罰に該当する」としている。体罰については，「体罰か否か」が議論されがちであるが，「体罰」に該当しなくとも，質（方法）あるいは量（程度）の面で不適当な懲戒は違法となりうるし，違法とはいえなくとも改善されるべきである。文部科学省が示す具体例も明確なスタンスを示せてはおらず，いまだ，この議論は不十分であると言わざるをえない。

**学校教育法と出席停止**　公立小中学校における出席停止制度は，学校教育法第35条に規定されており，市町村教育委員会は「性行不良であって他の児童の教育に妨げがあると認める児童があるときは，その保護者に対して，児童の出席停止を命じることができる」とされている。なお，出席停止の運用状況については，平成27年度調査では，小中学校合計で15件となっている（平成27年度「児童生徒の問題行動等生徒指導上の諸問題に関する調査」（確定値））。その理由では「対教師暴力」「生徒間暴力」「対人暴力」「授業妨害」「いじめ」などであった。

なお，2016（平成28）年に，文部科学省は，いじめ防止対策協議会での「いじめ防止対策推進法の施行状況に関する議論のとりまとめ」を発表したが，いじめの加害者に対する出席停止措置はほとんどおこなわれておらず，必要な場合であっても教育委員会が躊躇するケースが生じているという。教育委員会に対して，出席停止措置の手順，出席停止中の加害者に対する支援を含む留意事項などを示している。　　　　　　　　　　　　　　　　　　　　　　　［岩田泉］

**参考文献**　神内聡『学校内弁護士―学校現場のための教育紛争対策ガイドブック』日本加除出版，2016

## 問題 11
学校教育相談の目的と特徴はどのようなものか

　学校教育相談とは，「一人一人の生徒の教育上の問題について，本人またはその親などに，その望ましい在り方を助言すること (中学校学習指導要領解説)」と定義できる。生徒指導の一環として位置づけられており，その中心的な役割を担っている。具体的には，学校において教育の専門家である学校教師がおこなう教育相談と，臨床心理士などスクールカウンセラーがおこなう教育相談を含む。

　その目的は，「児童生徒それぞれの発達に即して，望ましい人間関係を育て，生活によく適応させ，自己理解を深めさせ，人格の成長への援助を図るもの (生徒指導提要)」とされる。児童生徒が発達段階において課題や悩み・困難に直面することは正常な発達であり，その解決の過程こそが成長発達を促進する。また，人間としての尊厳を尊重し，その個人なりによりよく学校生活や社会生活を過ごすことができるよう支援することが重要であることに留意したい。

　**特　徴**　学校教育相談は，「学校」という場のなかで，児童生徒にかかわる可能性のある教職員すべてが担う役割である。そのため，①早期発見・早期対応が可能である，②養護教諭・スクールカウンセラー，あるいは教科教員や部活動顧問などさまざまな立場から児童生徒を理解することができる，③学外の相談機関や児童福祉機関，刑事司法関係機関と連携しやすいという利点がある。

　対象は，その教師が勤務する学校に在籍する，すべての児童生徒とその親，子どもに直接かかわるすべての学校関係者をも含む。不登校や心身不調など特定の子どものみを対象としているのではない。

　児童生徒またはその親との面談を設定するときは，不登校児童・生徒に対する家庭訪問を除けば，その場は職員室，放課後の教室や保健室，あるいは校内の教育相談室などである。相談活動は教師一個人の活動ではなく，学校という

組織の枠組みのなかでおこなわれる。

　学校教育相談の方法は，積極的傾聴を活用した児童生徒理解をもとに，必要な個人と環境へのはたらきかけをおこなう。通常，個人へのはたらきかけは，聴くこと・話すことを通した相談で，配慮を必要とする児童生徒への個別的対応を中心に，必要に応じて，問題別集団面接，学級内での何らかの調査後の呼び出し面接などが考えられる。また，事例によっては，学校内の組織としての取り組み，養護教諭による個別相談や保健室登校，スクールカウンセラーによるカウンセリングに適切につなぎ協働する，学校外の専門機関との連携など社会的資源など（問題24参照）を利用した相談活動も必要となる。

　教育相談の考え方・姿勢を生かした児童生徒への対応として，交換ノートや班ノートの活用，給食時の児童生徒理解，エンカウンターグループやロールプレイなど教育相談の技法を取り入れた授業や学級活動を含む学級経営をおこなう。保護者への対応としては，保護者面接や家庭訪問のほかに，親との交換ノートによる保護者との連携，保護者会でのエンカウンターグループの活用などが考えられる。さらに，学校内の教育相談活動の充実に向けて，校内体制の整備や研修会などの企画立案・実施も重要な活動となる。

　**教育相談のあゆみ**　学校教育相談の学校内における今日の位置づけを得るまでには，以下のようなあゆみがあった。すなわち，深刻化していく登校拒否やいじめ，校内暴力などの問題に対応する援助の方法としての必要性の高まりを背景に，1980年代後半から，教育界に「**カウンセリングマインド**」―すべての教師が教育相談の基本姿勢を生かした指導をすすめる姿勢・態度―というスローガンが定着した。また，専門的な訓練を受けた教師に学校教育相談のリーダーとして，相談活動や普及活動などをおこなうことを求める動きもあった。

　しかし，専門的研修の成果を学校内で発揮するシステムが整わなかったために，教育相談のリーダーが現れるに至らなかったという経緯がある。集団を対象に厳しく指導・矯正することを主眼とする傾向になりがちな学校にあって，カウンセリングについて熱心に研修する教師が「子どもを甘やかす」と批判され，かえって校内で「浮いてしまう」存在になる状況がある期間続いたのである。いっぽう，時代ごとに「不登校」「校内暴力」「いじめ」などの学校問題は

発生しつづけ，その様相は複雑・深刻化した。学校教育という専門性だけでは対応できない課題の存在が指摘されるなかで，1995（平成7）年に，文部省（当時）が「スクールカウンセラー活用調査研究事業」を開始した。初年度は各都道府県に3校の割合で，全国で154校，154人のスクールカウンセラーが公立学校に配置された。その後，徐々に広がりをみせ，今日では公立学校全校にスクールカウンセラーが配置されるに至っている。校内における専門家であるスクールカウンセラーのおこなう教育相談と，学校教師（全体）がカウンセリングマインドをもち，生徒理解に基づく対応をおこなう教育相談という2つの立場で協働する学校教育相談のかたちが徐々に浸透したのである。

**生徒指導と教育相談**　教育相談は生徒指導の一環として位置づけられ，その中心的な役割を担う。校務分掌上の位置づけは学校によって異なり，生徒指導部，学校保健部の下部組織であることが多い。また，生徒指導では「矯正的」「予防的」なものが重視され，かつ「指導」に力点がおかれ，教師が権威者として積極的に「教える」「導く」という面が強調されがちである。生徒指導と教育相談は，「厳しい／甘い」「反社会的行動に対して／非社会的行動に対して」「集団を対象とする／個人を対象とする」と相反する概念としてとらえられる。

　しかし，個人や集団のかかえる問題の解決や解消に対して，生徒指導の場面で教育相談の考え方・姿勢を生かした児童生徒への対応が必要となるし，教育相談のなかで，善悪を指摘し責任をとらせるなどの能動的・指導的はたらきかけが必要になることもある。すなわち，両者の最終的な目標は一人ひとりの「自己実現の支援」であり，「積極的生徒指導」「開発的教育相談」，あるいは一人ひとりの「よりよい適応」をめざす指導・援助である「適応的生徒指導」「予防的教育相談」は大切な役割となる。教育相談と生徒指導は，その重複や立場の異同を尊重しあいながら各々の機能が発揮できることが望ましい。

[岩田淳]

**参考文献**　長谷川啓三・佐藤宏平・花田里欧子編『事例で学ぶ生徒指導・進路指導・教育相談　中学校・高等学校編』遠見書房，2014

　教科指導，生徒指導，教育相談，そのほかすべての教育活動における大前提は児童生徒理解である。生徒指導・教育相談で扱う個別の課題に対しては，とくに「どのようにかかわるか」に目を向けられがちだが，どの課題にも正解のマニュアルがあるわけではない。課題への対応は必ず適切な児童生徒理解に基づく。ところで，児童生徒の問題が報道されるとき，得てして，その子どもに対して「普通の子ども」と評することがある。「普通の子ども」という概念から，児童生徒理解を進めるにあたって教師として考えておきたい視点を述べる。

　**「普通の子ども」と一般的理解**　学校教育では，学力，運動能力，身体発達など量的指標における平均値・標準値を示す機会は多い。統計的に，多くの人がとりうる数値，度合いの範囲内におさまっていることを「普通」ということはできる。いっぽう，児童生徒の性格や意欲・関心など質的な要素は数量的に示すことはむずかしい。また，標準から逸脱している部分こそがそ生徒のもつ大事な個性である場合もある。

　ある社会・組織・集団のなかで多くの人が共通にもつ知識，行動，判断力などの常識や，期待される規範に合致しているか，という意味における「普通」ということができる。たとえば，子どもは学校に行くのが当たり前である日本では，登校できていれば「普通」であり，登校していない子は「不登校生徒」として少なからず特別視される。しかし，常識は，社会・集団・時代により変化するものともいえよう。また，常識に過度にとらわれ萎縮して生活している状態は，心の健康をむしばんでいるおそれもある。

　「普通」に代表される，ものごとの基準や標準を知ることは，現在の状態を理解するための1つの照合枠を与える。こうしたアプローチを**一般的理解**と呼ぶ。「不登校」「いじめ」「非行」という用語を用いることで関係者での共通理解につながる。分類を用いて，学校や地域，日本全体における生徒の傾向を知ることもできる。教科指導はもちろん生徒指導・教育相談にも子どもの発達を

ふまえた一般的理解が不可欠である。カリキュラムや学習課題，さまざまな学校問題と個々の子どもの課題も，その年齢の子どもたちの標準的な心理的，身体的能力・状態と密接に結びついている。

**個別的理解と現実のなかでの感覚とのバランス**　一般的理解も必要だが，そこに頼りすぎると，「不登校のA君」「発達障害のB君」だけでかたづけられかねない。一般的な知識で理解される部分とは別に，育ってきた環境も性格も異なる生徒一人ひとりに目を向け理解しようとするのが，**個別的理解**というアプローチである。なんらかの問題行動に対処するときには，その児童生徒が生きている広い文脈のなかでその問題の意味を吟味し，背景にある個別の事情やその生徒の言動の必然に目を向けなければならない。

　私たちは，同じ体験をしていれば，「普通」はこう理解し，こう反応するだろう，という基準をいつの間にか自分のなかにつくる傾向（**準拠枠**ともいう）がある。自分の感じ方，考え方が多くの人にも共通しているという先入観である。生徒指導や教育相談においては，児童生徒に対して先入観や色眼鏡なしに理解すること，児童生徒の視点で情報を再統合することが求められる。

　いっぽう，児童生徒の気持ちだけを尊重しても，子どもは生活における枠組みを理解できず，拠り所を失ってしまう。たとえば，「不登校でもだいじょうぶ」と支持するだけでは子どもは不安を感じるだろう。個別的理解と同時に，一般的理解をふまえた現実的な基準と，大人としての成熟した視点を常にもち続けていることも，その場に安定感をもたらすことになる。

　一般的理解と個別的理解は，どちらかのアプローチに偏りすぎるのではなく，複眼的な視点で多軸的に現象を理解しようとする平衡感覚を身につけたい。

[岩田淳]

**参考文献**　津川律子・山口義枝・北村世都『教育相談』弘文堂，2015

　児童生徒理解と教育相談における介入・対応などは，循環的におこなわれる。すなわち，児童生徒を理解し指導目標（短期および中・長期的な目標が含まれる）を立て介入（教育指導・教育相談）するなかで，児童生徒に対する発見や気づきが新たな生徒理解となり，指導目標を修正し，さらなる介入が生まれる。児童生徒理解には多面的・多角的な情報収集が不可欠である。成績，学力，運動能力，身体発達など客観的かつ数量的な情報と，性格・意欲関心・人間関係（友人・家族）・悩み・環境条件（クラスや部活動，地域など）など観察や面談により収集する情報がある。いずれにしても収集された情報は，その背景や意味，相互関係を吟味し，多面的・多角的に評価・解釈するべきである。

　**教師が児童生徒を観察できる場面と方法**　各授業のみならずホームルーム（HR），昼休みや休み時間，清掃活動，部活動や委員会活動などの特別活動，登下校時などがあげられる。これらの場面では，教師が児童生徒と直接かかわりコミュニケーションをとりながら，観察して理解をすすめる（**関与しながらの観察**）方法と，集団のなかで周囲の児童生徒あるいは各教師とどのようにかかわっているかを客観的に観察して理解を深める方法がある。

　観察は，言語的コミュニケーションと非言語コミュニケーション両方の側面で行う。誰と行動し，誰によく話しているか，集団場面における話す回数や時間，誰を支持しているか，聞き合っているかなどである。一見コミュニケーションがよさそうにみえても，要求・援助要請・拒否ができていない子どもがいることにも留意したい。後者は，表情や姿勢，態度，歩き方，そのほかに身なり（清潔・過度なお洒落など）や情緒的側面の理解や表出（気持ちが通じ合う感じや上の空など）にも注意を向けたい。

　教師は日々の生活のなかで児童生徒と接する時間が長いゆえに，その変化や児童生徒からのサインに早期に気づくことのできる立場である。「気になるこども」や「心配な子ども」は決してチェックリストのみで安易に発見できるも

のではないものの，1つの視点として活用できるよう，表に一例を示した。

　また，教師が一人で児童生徒について何もかも把握しなくてはいけないというのではなく，教師同士が日頃からお互い連携しあいながら，児童生徒について気になったことを言いあえる態勢を整えることが重要である。　　　[岩田淳]

**中学生・高校生の SOS チェックリスト**（石隈，1999 を一部改変）

①**学習面**
　　勉強への取り組み，集中力，宿題の提出などに変化はないか
　　中間テスト・期末テストの成績が下がっていないか
　　授業中に投げやりになりはじめていないか
　　授業中眠ることが増えていないか
②**心理・社会面**
　　自分に対して否定的なイメージを持つようになっていないか
　　「どうせダメだ」「自信がない」などの発言が目立っていないか
　　学校での表情が暗くなっていないか
　　イライラすることが増えていないか
　　学級内で孤立していないか
　　教師に対する態度に変化はないか（例：避ける。保健室や職員室によく来る）
　　服装や言葉遣いに変化はないか
　　家族との関係に変化はないか
③**進路面**
　　新しい事象や自分のこと以外に関心が持てなくなっていないか
　　得意なこと（学習面・運動面・趣味など）が減ってきていないか
　　決心がつきにくくなっていないか
　　高校進学（大学進学）について急に態度を変化させていないか
④**健康面**
　　食事の様子に変化はないか
　　けがや病気をしていないか
　　頭痛や腹痛の訴えが続いていないか
　　眠そうな顔をする，顔色の悪い日が続いていないか
⑤**学校生活，家庭生活全般**
　　遅刻・早退が続いていないか
　　理由の不明確な欠席が続いていないか
　　「事件」（変わったこと）はないか

**参考文献** 厚生労働省「こころもメンテしようー若者のためのメンタルヘルスブックー」
　　→ウェブページ URL は巻末の引用文献を参照

　児童生徒を多面的・多角的に理解する方法には，**観察法**，**面接法**，**心理検査法**，**質問紙調査法**，**作品法**，**事例研究法**などがあげられる。本項では，心理検査法と学級経営や生徒指導に活用できる質問紙法について概説する。心理検査は教師が実施する機会は稀ではあるものの，スクールカウンセラーや学外の専門機関と協働する際に，知っていると役に立つ。ただし，心理検査は数値や指標としての結果が出るのでわかりやすく共有しやすいだけに，それを絶対視してしまう弊害もある。心理検査や質問紙を実施する目的と，その結果の活用方法について吟味し，児童生徒と保護者に理解を求めることが重要である。

　なお，作品法とは，体育・音楽・図画工作・美術・技術家庭などでの作品，運動能力，運動能力，自己表現，また日記や生活ノート，作文などから児童生徒の心理状態を理解する方法である。事例研究法とは，ある生徒について，複数の教師がもち寄った情報や資料について分析・検討して適切な指導のあり方を探りながら児童生徒理解を深めていく方法である。

　心理検査法は，一定の刺激に対する応答・反応を記録するものであり，信頼性や妥当性などの検証を経て標準化された検査が正式な心理検査である。知能検査，性格検査，特定の精神症状などを評価する検査，また発達障害のアセスメントを目的とした検査などもある。臨床心理士および公認心理師など心理専門職のみしか実施できない検査や対象年齢が 15 歳以上の設定であるものも多いが，一定の理解をしておくことが望ましい。

　**知能検査**　1905 年にフランスの**ビネー**（Binet, A.）が子どもの普通教育への適性を鑑別するために発表したことに始まる。精神発達には遅れ・進みがあるという観点から，ある子どもが特定年齢の子どもたちの 50 〜 70% が正しく答えられる項目にまで合格すれば，その子どもの**精神発達**はその年齢の発達水準に達していると考える。その指定された精神発達水準を**精神年齢**，さらにこれを生活（暦）年齢で除した値が**知能指数**（Intelligence Quotient:IQ）と呼ばれるようになった。

ビネー式検査と並んでよく用いられる知能
検査にはウェクスラー検査があり，年齢に応
じて児童版の WISC（Wechsler Intelligence Scale
for Children），成人用の WAIS（Wechsler Adult
Intelligence Scale），幼児用の WPPSI（Wechsler
Preschool and Primary Scale of Intelligence）の 3

**知能指数の水準**

| | | |
|---|---|---|
| 130 以上 | ： | 極めて優秀 |
| 120-129 | ： | 優秀 |
| 110-119 | ： | 平均の上 |
| 90-109 | ： | 平均 |
| 80-89 | ： | 平均の下 |
| 70-79 | ： | 境界線級 / ボーダーライン |
| 70 未満 | ： | 知的障害 |

種類が考案されている。知能指数の水準を表に示したが，検査結果は数値のみ
ならず知的能力の特徴を理解し，かつ適応行動を勘案して評価するため，あく
までも参考値である。また，知能検査は，その子どもに適した学習方法や指導
方法につなげていくために利用したい。

　子どもの知的活動を認知処理過程と習熟度から測定し，検査結果を教育的働
きかけに結びつけて活用する「**日本版 K-ABC Ⅱ**」は，とくに発達障害児のア
セスメントに有効とされる。

　**性格検査**　個人のもつ情動・能力・欲求・態度・興味などの心理的特質や心
理的状態を明らかにする検査であり，非常に多くの種類がある。**質問紙法**と**投
影法**が代表的な形式である。

　質問紙法では質問の意味が明確で検査の意図がわかりやすく回答を操作しや
すい。多くは「はい」「いいえ」で答えるなど反応の自由度が小さく，比較的
短時間に実施できる。代表的な検査には，**Y-G 矢田部ギルフォード性格検査**，
**新版 TEG Ⅱ 東大式エゴグラム**，**MMPI ミネソタ多面的人格目録性格検査**など
がある。Y-G 性格検査やエゴグラムは，高校用，中学用，小学用もある。

　投影法は検査の意図・求めているものがわかりにくいため反応は操作しにく
いが被検査者の不安を喚起しやすい。検査時間も長くかかることが多く，結果
の解釈に熟練を要し，主観が入りやすいともいわれている。投影法の代表的な
ものでは，**ロールシャッハ・テスト**（インクのしみでつくられた図版を用いる），
**TAT**（主題統覚検査：絵図版から自由に物語をつくって話すという手続きで，絵に描か
れている現在・過去・未来についての話から解釈する），**文章完成法**（途中で切れた未
完成の文章に，連想する内容を書き加えて 1 つの文章として完成させる），**P-F スタ
ディ**（線画でイラストにした対話場面のマンガの吹き出しに一方の人物のセリフに対す

る対話内容を書き込む），**バウムテスト**（実のなる 1 本の木を描く）などがあげられる。

**質問紙法**　現在，小学校から高等学校まで幅広く活用されている質問紙としては学級集団をアセスメントし，より適切な支援をするために，河村茂雄（1994）が開発したツールである「**Q-U（Questionnaire-Utilities）テスト**」がある。学級満足度尺度，学校生活意欲尺度，ソーシャルスキル尺度（hyper-QU のみ）より構成される（高校用の hyper-QU のみ，悩みに関する尺度が加わる）。児童生徒が所属する学級集団が居心地よいと感じるのは，①トラブルやいじめなどの不安がなくリラックスできている，②自分が級友から受け入れられ，考え方や感情が大切にされていると感じられる，という 2 つが満たされたときであるとの仮説から，2 つの視点（被侵害得点，承認得点）を座標軸にして，児童生徒を 4 つのタイプに分けて理解する（図）。

また，児童生徒向けの**ストレス調査**や，**重大事態**（問題 32 参照）の発生に際しては，「**心の健康調査**」や「**いじめに関するアンケート**」などの質問紙が実施されることもある。　　　　　　　　　　　　　　　　　　　　　　　　　　［岩田淳］

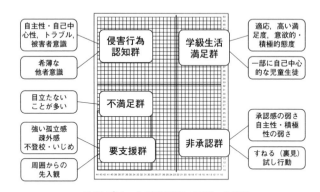

**Q-U プロット図の見方：児童・生徒像**

（河村茂雄『学級づくりのための Q-U 入門』図書文化社，2006 を参考に作成）

**参考文献**　高橋依子・津川律子編著『臨床心理検査バッテリーの実際』遠見書房，2015

# 問題 15　積極的傾聴はどのように習得するのか

　教師として学級を指導する役割と児童生徒と個別的に教育相談をおこなうことは，教師役割とカウンセラー的な役割の葛藤を引きおこすことがある。しかし，よき聴き手として要求される基本的な態度と技法（応答）である**積極的傾聴**は，教育相談のみならず教育活動全般にも有効と考えられる。積極的傾聴は，ただ漫然と児童生徒の言葉の意味やその内容を聞くのではなく，より積極的に相手を理解しよう（わかろう）とする**援助的コミュニケーション**の方法である。カウンセリングの習得の際には，相談を受ける者をカウンセラー，相談者をクライエントと明記して活用するが，本項ではあくまでも，教師と生徒との面談場面を想定しているため，教師・生徒と表記する。実際には相談を受ける相手は保護者も含む。

①**簡単な受容**：生徒の語ることに傾聴するとともに，生徒の表情や態度にも深い配慮を払い，相手そのものを聴くことである。生徒の発言をしっかりと聴いていることを「うん」「ええ」「はい」「ああ，そうですか」など短い応答により，簡潔に表明することによって，承認や肯定を積極的に表現する。生徒自身が自分を語ることを促進する。

②**繰り返し**：生徒の発言のなかで重要なフレーズや単語，生徒自身に深くかかわる感情を表現した場合，その言葉をそのまま繰り返すことである。これによって生徒は話し続ける勇気が与えられ，自分の言葉を生徒の繰り返しとして客観的に聞き直すことで，自分を探り，より内面をみるように促進される。

③**感情の反射**：生徒の表明した感情や非言語的な反応（表情や態度，言葉の調子）に対して，教師が言語化して繰り返すことである。感情の言語化は，生徒にとって自分の感情の確認とともに，気持ちを理解してもらえたとの安心感をもたらす。

④**明確化**：生徒の発言，あるいは発言しようとしたことを教師が代わって明らかにする。生徒が表現したこと，表現したいことの意味を明らかにしていく。

たとえば，生徒がはっきりと表現するのに困難を感じているときに，教師は自分の言葉で生徒のために明確化し考えや感情をまとめて返すことで，相手がそれを受け入れるか，拒否するか，手直しするかなど反応を待つ。また，教師自身が生徒の話の内容や考え・思いを理解できないことについて明確化する側面も含まれる。

⑤直面化：生徒の感情や感じていること，無意識的に述べていることの感情を感じ取り，感情的な意味を伝えることで，生徒のかかえている本当の問題やテーマとの対決を促す。この場合，教師が自分の視点から相手を解釈するので，生徒が教師の解釈を受け入れられるような信頼関係ができるまでは，直面化を待つことが基本となる。早期の直面化は，生徒の抵抗や拒否，否認を引き起こす可能性があることに留意したい。

そのほかに，**解釈・説明**：教師の考えや価値観でリードする。教師の批判や価値判断が入る，**勇気づけ**：「私が支えます」「どうぞ頼ってください」という意味，**保証**：「それで大丈夫ですよ」と生徒に問題を乗り越える自信が感じられる場合に解決に向けて一歩踏み出すために使う，**提案**：穏やかな形の忠告。使う場合は具体的に行動の方向性を示す。あくまで自分の考えを実行するかどうかは選択できる余地を残す，などがある。

教師は生徒の自立をめざすので，生徒自身が自分で問題を解決し，生徒の自立を促進する，a. 〜 d. の技法を多く使うことになる。e. やそのほかにあげた技法は，教師への依存を促進するが，生徒が問題を乗り越えられそうにない，自信がないという場合には，少し教師が後ろから支え，勇気づけたり，保証したりする，これらの技法を使うことも必要である。その際，「自分の好む方向に引っ張っていないか」「自分の経験に当てはめようとしていないか」「相手を依存させていないか」という点を吟味する姿勢が必要となる。　　　　［岩田淳］

**参考文献** 杉原保史『技芸としてのカウンセリング入門』創元社，2012

## 生徒との面談における基本とは何か

　生徒との面談では，生徒と直接対面し，積極的傾聴を基盤として，生徒の知識，要求，考え，性格などについての情報を得ることが目的である。生じているさまざまな問題の解決にのみ注視するのではなく，児童生徒の人格を総合的に理解することをめざしている。面談の具体的な条件と守るべき基本的態度，質問の仕方などのスキルなどについて述べていく。

### 面談の諸条件

①**時間**：あらかじめ教師と児童生徒双方の都合がつく時間を約束したい。教師が時間に追われていたり，児童生徒にも放課後の予定などがある状況では，落ち着いて話し合うことはできない。面談を実施する以前の問題である。面談時間は通常1時間前後とする。時間が長すぎると双方が心身ともに疲れるし，短かすぎても，児童生徒が自分の内面を語ることがむずかしい。

②**場所**：教育相談室などプライバシーが配慮され，落ち着いて安心して話すことができる場所が望ましい。ほかの児童生徒が残る教室や職員室，過度に緊張を喚起する応接室などは避けたい。廊下での立ち話など，インフォーマルな場面でのコミュニケーションも大切ではあるが，面談の目的やテーマにより，「立ち話」では不相応な場合があることにも留意したい。

③**面談における守秘義務**：面談の目的を伝えることにより児童生徒は気持ちの準備ができるとともに，教師も面談の意図を意識する必要がある。面談の内容から保護者やほかの教師，ほかの児童生徒に情報を開示・共有する必要があると判断した場合には必ず児童生徒本人の了解を得る。

　**ラポールの形成**　面談で最も重視されるのは児童生徒との間に「**ラポール**」と呼ばれる親和関係を形成することである。そのためには受容的で温かい雰囲気づくりをし，彼らの語る話をその内容にかかわらず関心をもって傾聴する（問題15参照）。態度や話しぶり，その内容によっては批判したくなる場合もあるが，まずは共感的に応じる。なぜなら，児童生徒は「教師に何を言われるの

か」「��責されるのか」「秘密を探られるのではないか」「親に伝えられるのか」など，さまざまな不安に苛まれていると考えられるからである。

**面談の実際**　面談を進めるにあたって，その目的を告げ，答えやすい質問から入り，徐々に答えにくい，あるいは回答に躊躇する問題へと進めていくほうがよい。児童生徒と教師との関係性にもよるが，趣味や好きな話，直近の彼らの肯定的なエピソードなどは，場を和ませる。また，「閉じた質問（「はい」「いいえ」で答えられる質問）」「開かれた質問（「どうして」「どうであったか」「どう感じたか・考えたか」など）」と呼ばれる質問の仕方を工夫することも重要である。理由や原因を問う質問をしがちであるが，「どうして」「なぜ」は児童生徒には責められている感じを受けることがあるので気をつけたい。面談では言語的なやりとりが主となるが，視線・表情・身振り・しぐさ・態度など非言語的な情報にも注目する。

話をしない，表現することの不得手な児童生徒の場合，話せない（話さない）のは，話したくない（話す意思がない），話したい内容はあるが，どのように話したらよいか困っている，何を話したらよいのか質問の意味が理解できていない，緊張と不安のあまり声や言葉にならないなど，さまざまな要因が考えられる。それらについて丁寧にたずねることもできるし，理由によっては児童生徒が答えやすい質問の仕方を教師が工夫することが必要となる。

教師に対して過度に反抗的であったり攻撃的な態度を示す場合には，巻き込まれることなく，興奮状態が和らぐように間をとる。「**今，ここで**」の気持ちを想像し明確にしながらも，毅然とした真摯な態度で，設定された面談の本質的な目的である，児童生徒を心配し，力になりたいと考えている気持ちを率直に伝えることが大切である。

以上，構造化された面談場面について述べたが，教室内や廊下などインフォーマルな場面での声かけやかかわりも重要である。日ごろから児童生徒と関与しながらの観察をおこないながら，よりよい信頼関係を築くことが，意味ある面接の礎（いしずえ）となる。　　　　　　　　　　　　　　　　［岩田淳］

**参考文献**　桑原知子『教室で生かすカウンセリング・アプローチ』日本評論社，2016

## 問題 17　面談記録の意味と具体的な記録の取り方を知りたい

　児童生徒や保護者との面談を記録に残すことは，多忙な教師にとっては物理的にむずかしく，不慣れであるかもしれない。しかし，面談記録には以下のような意味がある。①児童生徒の状況や考え・思いを理解し，生徒指導や教育相談の方針を立てたり，実際の指導・支援に反映させる，②学年や学校全体で生徒理解をする必要が生じたり，学外の専門機関に情報提供（本人の了解のもとに）をする場合の資料となる，③教師として児童生徒をどう理解し，どのような指導や助言をおこなったのかを集積する，④クラス替えにより担任が替わったときに引き継ぎをするための資料となる，⑤重大事態などが生じた際，教育指導や支援の実際などの情報開示を求められる際に使用する。

　**面談記録で記述する内容**　基本的な記載事項としては，対象生徒（保護者）の氏名，面談日時，場所，面談の目的である。面談をおこなうことになった経緯を簡潔に記録しておくとよい。

　面談内容の記録において，客観的な事実（実際にあった事実）を同定しながら記録する。児童生徒（保護者）が語る内容は，自身がその場面で体験したこととほかの生徒や噂として聞いた（伝聞）内容とを区別する。いつ，どこで，誰が，どのような言動をし，その結果，何が起きたのか，と整理しながら聞き取ったことを記録することが望ましい。客観的事実とは別に，児童生徒（保護者）が，その事実に対して，どのように受け取り，考え，感じたのか，を別にまとめる。人は主観的事実（心で感じた事実）を語ることが多い。何を感じたのか，という視点は大切ではあるが，客観的事実と混同しないように，切り分けて聞き，記録したい。

　とくに，いじめや暴力行為など，保護者への報告が必要となる面談においては，児童生徒の気持ちを受容しながら（ネガティブな行動であっても，正直に話していることを労う），問題となっている場面が想像できるような，具体的で詳細な聞き取りによる適切な記録は，事態が重大であるほど大切になる。

面談記録は，対象の児童生徒（保護者）が語った内容のみではなく，教師が指導・助言した内容についても記載しておく。責任ある生徒指導・教育相談の担い手として，実際に伝えた指導や助言を記録に残すことが重要である。

**いつ記録するか**　面談中に記録をとると，児童生徒（保護者）の緊張や不安を高めるという意見もあるが，可能であれば，その場でメモするほうが，発言の正確さを保てる。また記録を利用しながら，面談に活用することもできる。たとえば，「さっき言っていたことが，その後の行動に影響したのですね」など，相手が見えるように記録をとるほうが，隠しながら記録するより，信頼関係を構築できる。起きている問題について児童生徒と教師の共同作業として解決に取り組むという観点からも，相手に見える記録のとり方が望ましいと今日では考える傾向にある。

面談終了後に，教師としての所見や印象（「終始，落ち着きがなかった，涙を流していたが，後半には笑顔も見られた」，「スクールカウンセラーへの相談を勧めたいと考えていたが抵抗が大きく言えなかった」）を書き加えておくことも，事例を検討し対応を熟考する際に役立つ。

**面談記録の保管**　面談記録は高度な個人情報であり，机の上に広げたままにしておくような行為は厳に慎みたい。記録を隠蔽したり改ざんする行為は高度の専門職である教師の倫理として，あってはならない。面談記録の保管は，守秘義務と個人情報保護，情報公開と説明責任に係るテーマでもある（問題25参照）。法律や規則に則り，適正に管理・活用することが望ましい。　　　［岩田淳］

**参考文献**　八木亜紀子『相談援助職の記録の書き方—短時間で適切な内容を表現するテクニック』中央法規出版，2012

# 問題 18　生活ノートにどのようにコメントするか

　教育相談の考え方を生かした児童生徒への対応として，以前から交換ノートや班ノートが活用されてきた。授業の準備や提出物の確認，家庭学習の充実を目的とするとともに，いじめ問題が深刻化していくなかで**「生活ノート**（呼称は自治体や学校により異なる）」の「一言日記」によって，教師と個々の児童生徒のコミュニケーションを図り，児童生徒のサインの早期発見をめざす取り組みの１つとしても多く活用されている。多忙な教師にとって，クラス全員の子どもの記述にコメントをすることは相応の作業量になる。しかし，言語で発信することが不得手な子どもにとって，自分の悩みや思い，考えを教師に伝えられる手段の１つであることを認識したい。児童生徒にとっても，たとえ一言のコメントであれ，教師から自分に向けたメッセージはうれしく励みになるだろう。いっぽう，提出（義務づけた場合）が滞る児童生徒に対しても留意したい。何を書いたらいいのかわからない，面倒，という理由以外でも，その背景に悩みや課題をかかえている場合もある。

　**いじめ自殺問題からの教訓**　2015 年に岩手県の中学 2 年生の男子生徒が，いじめが一因で亡くなった。当該生徒は，生活記録ノートに複数回いじめの苦しみや「死にたい」などの記述をしていたにもかかわらず，それらに対する教師のコメントが不適切であったのではないかとの批判が高まった。当該事件についての**第三者委員会**による報告書は「重大事態に発展するかもしれないという危機意識に欠け，生徒が発する命にかかわる情報を共有できなかった」などと，組織上の問題があったことを認めている。同報告書では「生活記録ノートに 6 回記された『死』について，担任教師は『教師の気を引くため』と理解した」「生活記録ノートに『死』が記された事実を保護者に伝えなかった学校の対応は不適切」とも指摘している。

　生活ノートは，まさに生徒の記述と教師のコメントが「記録」として残る。ゆえにコメントを無難なものとするような教育活動の萎縮を排し，むしろ，生

徒が書いた内容をもとに当該生徒の学校生活を点検する，緊急性があるかの判断を同僚教師やスクールカウンセラーなどとも相談し，必要に応じて面談する，など積極的な対応につなげていきたい。

**コメントの留意点**　基本的には，**カウンセリングマインド**（児童生徒の心を尊重し，共感的態度で温かく対応しようとする態度や心構え）を礎に，一人ひとりの人となりやその日の様子や表情を思い描き，ときにはユーモアを交え，教師も楽しみながらコメントを書けるとよい。

　ただし，いじめを訴える内容や学校や家庭での悩み，死に関する事柄が書かれていた場合には真剣に受け止める。まずは「書いて（伝えて）くれてありがとう」と労いたい。生徒は自分の悩みや弱みを吐露することに勇気が必要であっただろうし，どのように受け止められるか不安をかかえていたかもしれない。書かれた内容について，教師は深刻ではないと過信することがないようにしたい。「叩かれる」「ものがなくなった」「ものを投げられた」などの記述は，事実関係を調査する必要があるとしても，生徒のSOSととらえて然るべきである。「嫌な（不愉快な）思いをしましたね」「どんなに辛かったでしょう。あなたの力になりたいと思います」など，しっかりと心配し，コメントを書くとともに翌日には面談を設定することが望ましい。

　死に関する事柄に対しては，話をそらさずに対峙する姿勢が必要である（問題37参照）。すぐに電話で連絡をとったり，面談を設定する，スクールカウンセラーと対応を協議するとともに，コメントは，説教や安易な励ましのコメントは禁忌であり，「伝えてくれてありがとう。あなたの話を聞きたいです」など，真摯に児童生徒の話を聴く姿勢を伝えたい。　　　　　　　　　　［岩田淳］

**参考文献**　桑原知子『教室で生かすカウンセリング・アプローチ』日本評論社，2016

## 問題 19　保護者との面談における基本とは何か

　保護者との面談には，定期的な面談と日常の学校生活のなかで保護者が相談を希望する，教師が保護者を呼び出す面談がある。形態も二者面談と児童生徒を含む三者面談がある。いずれにしても保護者を通して得られる児童生徒理解は大切であり，教師と保護者がともに児童生徒の心身の成長発達を促すために良好な関係を構築することが前提である。

　保護者もまた児童生徒と同様に（問題16）教師との面談に緊張と不安をかかえていることを理解したい。わが子が教師からどのように評価を受けているのか，家庭教育について非難されるのではないか，また，家庭における子どもとの接し方や家族の問題に苦しんでいる場合も少なくない。

　**面談の諸条件**　面談をおこなう際は，以下の点に注意が必要である。

①時間と場所：仕事をもつ母親は多く，時間の設定には配慮したい。通常，30分から１時間程度の面接時間の目処をもつ。場所は，原則としては学校内の教室を使用するが，家庭訪問では複数の教員での訪問を検討する。

②守秘義務と情報共有：保護者との二者面談では，その設定や内容を児童生徒に伝えるか否かが問題となることがある。親子の関係，教師と児童生徒の信頼関係を考えたとき，原則的には児童生徒に対して面談の目的とその内容についてきちんと話すことが望ましい。しかし，保護者によっては，子どもには保護者が相談したことを内緒にしてほしいと依頼される場合もある。なぜ，子どもに知られたくないのかをよく理解したうえで，子どもへの情報共有を判断することが大切である。

　**面談の実際**　保護者との面談においても重視されるのはラポールを形成することである。そのためには，家庭での子どもへの対応に悩み試行錯誤している保護者に対して労いの気持ちを伝えたい。たとえ，保護者の子ども理解が適切ではない，対応が望ましくないと感じられたとしても，積極的傾聴をし（問題15参照）共感的に応じる。

学校・教室でみせる子どもの姿と家庭でのそれは当然異なる。そのちがいを教師と保護者とで共有することが多面的な児童生徒理解につながる。学校・教室での児童生徒の様子を保護者に伝える場合，ネガティブでマイナスの面を伝えなければならないこともある。そうした面談では，保護者を責める，家庭での対応を非難する，どうしたらよいかと保護者に対応を尋ねるだけの態度・姿勢は，保護者の教師や学校への不信や不安を募らせるだけであり，絶対に避けるべきである。教師として，学校としての当該児童生徒に対する理解と現在の指導，また今後の指導方針についての見解を伝え，それらについての保護者の意見や希望，要望を聞き，話し合いを重ねることが大切である。教育・指導をめぐり保護者から苦情や抗議を受けた場合には，すぐに反論し学校の主張を伝えるのではなく，まずは積極的傾聴を心がける。苦情や抗議をせずにはいられない保護者の気持ちや思い（怒りや不安）を受容することなくして，事実関係の相違を議論しても，話し合いは平行線になり，事態も関係も悪化するばかりである。また，事実関係が不明である段階で，性急に謝罪をするのではなく，あくまでも保護者が不安や怒りをもったという心理的事実について謝罪する（「ご心配をおかけして申し訳ありません」「納得できかねるとの思いをさせてしまったことをお詫びします」など）。事実関係については十分に調査し報告することが必要である。

　保護者との面談や苦情などへの対応に困難を感じている教師は少なくない。家庭の問題にどこまで介入するかという議論はあるが，家族の一員である児童生徒を学校は預かっているのであり，学校・教師が家族をもサポートする心構えをもつことは必定であると考える。　　　　　　　　　　　　　　　　　　　［岩田淳］

**参考文献** 東京都教育委員会「学校問題解決のための手引」2010, http://www.kyoiku.metro.tokyo.jp/pickup/seisaku/pr100128g.htm

**問題 20** スクールカウンセラーの役割と校内での活用について述べよ

　**スクールカウンセラーとは**　児童生徒の不登校やいじめ，適応問題などの対応にあたって，高度な臨床心理学・精神医学的専門知識を有して，心理相談業務に従事する心理職専門家がスクールカウンセラーである。1995 年度に「スクールカウンセラー活用調査研究事業」として全国 154 校からスタートして以降，全公立中学校への配置・派遣へ向け本格的に制度化された。私立学校は制度の対象外ではあるものの，その導入と配置が進んでいる。

　スクールカウンセラーは「臨床心理士」が多いが，地域によっては（とくに地方）精神科医師や元教員などが，配置されているところもある。今後は心理専門職としての国家資格「**公認心理師**」が配置される可能性も高い。

勤務形態は都道府県や市区によっても異なるが，おおむね週に 1 〜 2 日，8 時間から 12 時間程度の非常勤職員として位置づけられている。原則としては単独校方式（一人のスクールカウンセラーが 1 校に勤務）だが，地域によっては拠点校方式（中学校区程度の地域を単位とし，その域内にある学校のなかの 1 校を拠点校と

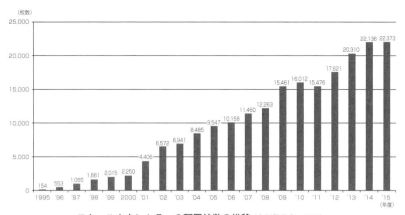

**スクールカウンセラーの配置校数の推移**（文部科学省，2015）
注：2015 年度は計画値

してスクールカウンセラーを配置し，域内の小学校も対象とする方式）や巡回方式（スクールカウンセラーの配置校を特定せず，あらかじめ決めておく対象校をスクールカウンセラーが巡回する方式）による配置をおこなっている。

**スクールカウンセラーの活動の実際**

①児童生徒の面接：個人面接では，自主的に来室する場合と教師に勧められたり，連れてこられる場合もある。また，グループで来室した場合は集団面接の形態をとることもある。いわゆる"遊びにくる"感覚であっても話し合っていくうちに友人や家族との関係についての悩みを話し出すことも少なくない。

②保護者の面接：不登校など子どもの問題をかかえた保護者に対するカウンセリングは，家での対応のみならず保護者自身が不安定になり疲弊している事例での保護者自身の心の安定を回復することにより，子どもの心理的な安定や主体的な行動を促すなどの効果も期待できる。また，評価者である教師に話しづらさをもつことの少なくない保護者と教師をつなぐ役割をもつ。

③コンサルテーション：コンサルテーションとは，心理臨床の専門家であるカウンセラーが教育の専門家である教師に対して，心理学的な見立てを伝え，教師と協働して児童生徒への対応を検討することである。教師とスクールカウンセラーとの情報交換は児童生徒を多面的に理解することを可能とするとともに，スクールカウンセラーから得られる情報から教室での教育的配慮の必要性がわかることもあろう。

スクールカウンセリングでは，カウンセリングにおける狭義の守秘義務を貫くことよりも，教師とともに児童生徒の秘密をかかえる**集団守秘義務**という考え方を採用している。そこには教師とスクールカウンセラーとの間に信頼関係が成立していることが不可欠であることを強調したい。

④外部専門機関との連携：事例によっては，学校外の専門機関による支援が必要となる（問題24参照）。スクールカウンセラーは，適切なタイミングで依頼や紹介など，外部専門機関とのネットワークづくりと具体的な連携を進めていく役割がある。

⑤研修・講演の実施：教師を対象に，児童生徒理解やカウンセリングに関する

研修，事例検討会を実施する。教師にとって新たな知見を得たり，教育指導に苦慮している児童生徒について多面的に理解し，今後の方針を模索する機会となる。保護者に対しては，「思春期のむずかしさ」や「親離れ・子離れ」などのテーマで講演会を実施することによって，子育てに疲れ子どものことを客観的にみられなくなっている保護者に発想の転換をもたらす効果が期待できる。

⑥**広報活動**：相談室を利用する児童生徒のみならず，学校全体の児童生徒にはたらきかける手段の1つとして，「カウンセラー便り」や「相談室便り」を発行する。カウンセラーから児童生徒へのメッセージとしての意味をもつ。

**スクールカウンセラー活用の留意点** 臨床心理学的知見を得ることは児童生徒理解と対応に有効であるとしても，教師は教師の専門的立場から，教室での児童生徒の評価を明確にし，働きかけのなかで教師として担う部分，スクールカウンセラーに担ってもらう部分を十分に検討したい。いっぽうで，教師は自分だけでかかえ込んで他人の助けを借りることを潔しとしない傾向があることを自戒すること，他職種であるスクールカウンセラーと学校社会のそれとは異なる論理，人間観があるという認識をもち，お互いのちがいを理解したうえでの協働をおこなうことが大切である。協働は「双方向性・補完性・互恵性」によって構成される。双方向性は，教師との普段のインフォーマルコミュニケーションであり，補完性は，教師のもつ指導力・チーム力とスクールカウンセラーがもつ臨床力・ファシリテーター力を子どもや学校のためにコーディネートすることである。互恵性はお互いの力を発揮することで，教師とスクールカウンセラーとしての役割感をお互いに感じ合うことである（増田，2015）。教師とスクールカウンセラーとの協働的なパートナーシップが今まで以上に求められる。

[岩田淳]

**参考文献** 村瀬嘉代子監修・東京学校臨床心理研究会編『学校が求めるスクールカウンセラー』遠見書房，2011

　2008（平成20）年度から文部科学省において「スクールソーシャルワーカー活用事業」が開始され、スクールカウンセラーに加え、学校内に新たな専門職の配置がされた。ソーシャルワークの特徴は、ある人のかかえる課題の軽減や克服を支援しようとするとき、その人と同時にその人のおかれた環境に関心を向け、個人に働きかけようとするだけではなく、環境にも、あるいは個人と環境との関係にも働きかける視点をもつということである。児童生徒の学校問題の背景には、家庭や学校、友人、地域社会など児童生徒をとりまく環境の問題が複雑に絡み合っており、福祉制度の活用や学外専門機関との連携にその役割と機能が期待されている。また、人間尊重という理念、可能性に焦点をあてるという観点、つまり、人は問題解決の可能性を有しているという考え方のもとに、ソーシャルワーカーは多様な角度から個々人の可能性を感じとり、それを発揮できるようにサポートすることが重視されている。

## スクールカウンセラーとスクールソーシャルワーカーの役割等

| 名称 | スクールカウンセラー | スクールソーシャルワーカー |
|---|---|---|
| 人材 | 児童生徒の臨床心理に関して高度に専門的な知識・経験を有する者 | 教育分野に関する知識に加えて、社会福祉等の専門的な知識や経験を有する者 |
| 主な資格等 | 臨床心理士、精神科医等 | 社会福祉士、精神保健福祉士等 |
| 手法 | カウンセリング（子供の心のケア） | ソーシャルワーク（子供が置かれた環境（家庭、友人関係等）への働き掛け） |
| 配置 | 学校、教育委員会　等 | 教育委員会、学校　等 |
| 主な職務内容 | ①個々の児童生徒へのカウンセリング②児童生徒への対応に関し、保護者・教職員への助言③事件・事故等の緊急対応における児童生徒等の心のケア④教職員等に対する児童生徒へのカウンセリングマインドに関する研修活動⑤教員との協力の下、子供の心理的問題への予防的対応（ストレスチェック等） | ①家庭環境や地域ボランティア団体への働き掛け②個別ケースにおける福祉等の関係機関との連携・調整③要保護児童対策地域協議会や市町村の福祉相談体制との協働④教職員等への福祉制度の仕組みや活用等に関する研修活動 |

スクールカウンセラーとスクールソーシャルワーカーの役割の比較
（文部科学省「学校における教育相談に関する資料」2015）

**スクールソーシャルワーカーとは** 社会福祉士や精神保健福祉士などの資格を有する者，教育と福祉の両面に関して，専門的な知識・技術を有するとともに，過去に教育や福祉の分野において活動経験の実績などがある者が選考されている。その役割や職務などをスクールカウンセラーと比較した表を示した。スクールソーシャルワーカーの価値や視点，および機能を体現するために求められる原則は，①子どもの利益の最優先：親や教師からの一方的なとらえ方ではなく，問題の当事者である子ども自身にとってどうすることが最もいいことなのかという視点で，本当の子どもの利益は何かを考え活動する，②自己決定：子どもにかかわる判断がなされる場合は，子ども自身の決定が重要であるとし，他者の利益を侵害することがない範囲において，自分で決定することができるような条件を整えること，③秘密の保持である。

**スクールソーシャルワーカーの実際** スクールソーシャルワーカーのかかわる継続支援対象児童生徒のかかえる問題としては，家庭環境の問題，不登校への対応，発達障害等に関するものが多いほか，児童虐待への対応にもかかわっている。とくに，子どものいる家庭の経済的困難は家庭生活の困難をもたらすばかりでなく，成長・発達に大きな影響を及ぼす。また，親子間の葛藤や虐待リスク，進学の断念など，人生計画の制約をもたらす（問題36参照）。対応の要は児童生徒に日常的にかかわりモニタリング可能な学校教育の場であり，困窮する児童生徒の早期発見，早期対応の観点からも，学校とスクールソーシャルワーカーとの連携が求められる。 児童虐待への対応においても，被虐待のある児童の多くは保護者などとともに生活し児童相談所による「在宅指導等」として家庭生活を続けている。児童生徒は学校に通学することによってモニタリングされることになり，再発防止に向けて，スクールソーシャルワーカー は児童生徒や保護者との直接のかかわりはもちろん，関係機関との連携，調整に精通した役割が求められる。　　　　　　　　　　　　　　　　　　[岩田泉]

**参考文献** 日本スクールソーシャルワーク協会編『子どもにえらばれるためのスクールソーシャルワーク』学苑社，2016
　　　　　文部科学省「平成27年度スクールソーシャルワーカー活用事業実践活動事例集」
　　　　　→ウェブページ URL は巻末の引用文献を参照

**養護教諭の役割**　児童生徒の健康問題にも，肥満・痩身，生活習慣の乱れ，アレルギー疾患の増加，性に関する問題など多様な今日的課題が生じており，養護教諭が専門性をいかしつつ中心的な役割を果たすことが期待されている。養護教諭の役割は，児童生徒の健康課題を的確に早期発見し，課題に応じた支援をおこなうことのみならず，すべての児童生徒が生涯にわたって健康な生活を送るために必要な力を育成するための取り組みを，ほかの教職員と連携しつつ日常的に行うことが重要である。

**　学校における保健室・教師との連携**　休み時間になると用もないのに保健室にたむろする児童生徒の姿や授業中にもかかわらず保健室に逃げてきてしまう子どもがいる。養護教諭は学校のなかにおいて児童生徒の学習成績や評価にかかわらない唯一の教師であり，教科担当の一般教師とは異なる，子どもたちとの自由な関係をもちやすい。休み時間に子どもたちが集う，あるいは，身体的

**心身の健康に関する知識・技能**

- 基本的な生活習慣を形成するための指導（運動・食事・睡眠等）や心身の発達について理解できる指導の充実を図る

**自己有用感・自己肯定感（自尊感情）**

- 委員会活動の中で健康に関する発表を行うことや1年間を通して継続的に取り組む活動，例えば，給食後の歯みがき活動により，児童生徒に成果や達成感を感じさせる。
- 自己肯定感を高められるよう，困難な状況を乗り越えるような体験の機会を設ける。例えば「苦手な友達に自分の気持ちを伝える」『やめて』と言えるようになる」など，保健室で児童生徒と練習した後，実際に対処させる。など

**自ら意思決定・行動選択する力**

- 児童生徒が，「自分なりの不安や悩みの解決策」「自分らしい意思決定」ができるようにするため，健康相談や保健指導を通して，自分について見つめたり，考えたりすることを支援する。など

**他者と関わる力**

- 保健室来室の際，自分の体の状態を伝えられるように保健指導する。
- 保健室での健康相談を通して，「こんな言葉を使うと友達はうれしいよ」「こうしてあげるともっとうれしいよ」といった他者と円滑にコミュニケーションを図る能力を育てる。など

**養護教諭がほかの教職員らと連携して行う主な取り組み**（文部科学省，2017）

な理由がないものの教室で学習することができない児童生徒が保健室で時間を過ごす**保健室登校**がおこなわれているという現実からは，児童生徒にとって保健室が学校のなかで防衛を弱め，安心して弱さや傷つきを感じることのできる居場所であるとも理解できる。また，通常は授業をおこなわないが，学級担任や保健体育科の教科担任などとの相談や協力のもと，健康教育や性教育などの保健学習について授業をおこなうことがあり，いっそう養護教諭との協働をすすめていく必要性がある。

**保健室のもつ意味と来室する児童生徒の理解**　保健室は本来健康を手がかりとして子どものさまざまな問題に取り組むところである。心の不調が心身の不調として症状化しやすい児童期・思春期の子どもたちにとって，身体のケアをうけることを契機に，心を開きやすい環境であるといえるだろう。したがって，養護教諭は児童生徒の保健室への来室を次のように理解し，受け入れることが大切である。

①保健室には通常，養護教諭が一人で待機しているため，児童生徒は，他人に聞かれることなく，1対1で話すことができる。

②頭痛や腹痛など，些細な理由があれば誰でも来室できる。

③額に手を当てるとか，脈をはかる，あるいは傷の治療など，まさに「手当て」という形態での自然のスキンシップを暗黙裡に求めている。

④養護教諭がほとんど女性であり，また父性原理が強い学校社会において，心理的には母親的・姉的な存在となりうる。

　子どもの健康問題は，からだと心が1つになって生じていることを前提として理解・対応することが必要であり，たとえば「二次性徴が遅い」「身長が伸びない」などの悩みは，適正な知識の提供とともに心のケアにも配慮しなければならない。また，不自然なけがの場合には，いじめや虐待の可能性も含めた慎重な取り組みが求められる。　　　　　　　　　　　　　　　　　　　　　[岩田淳]

**参考文献**　秋山千佳『ルポ保健室―子どもの貧困・虐待・性のリアル』朝日新聞出版，2016
文部科学省「現代的健康課題を抱える子供たちへの支援〜養護教諭の役割を中心とし〜」2017
　　→ウェブページ URL は巻末の引用文献を参照

進路指導・キャリア教育との関連性と連携についてどうとらえるとよいか

**進路指導とキャリア教育**　進路指導とは，児童生徒が自ら，将来の進路を選択・計画し，その後の生活によりよく適応し，能力を伸長するように，教員が組織的・継続的に指導・援助する過程であり，長期的展望に立った人間形成をめざす教育活動である。いっぽう，キャリア教育は，進路指導を包含し，学校で学ぶことと社会との接続を意識し，一人ひとりの社会的・職業的自立に向けて必要な基盤となる資質・能力を育むことを目的としている。この資質・能力とは，「知識・技能（何を理解しているか，何ができるか）」「思考力・判断力・表現力等（理解していること・できることをどう使うか）」「学びに向かう力・人間性等（どのように社会・世界と関わり，よりよい人生を送るか）」の3つである。

　2017（平成29）年に公示された**新学習指導要領**の総則では，「児童生徒が，学ぶことと自己の将来とのつながりを見通しながら，社会的・職業的自立に向けて必要な基盤となる資質・能力を身に付けていくことができるよう，特別活動を要としつつ各教科等の特質に応じて，キャリア教育の充実を図ること」と明記されている。さらに「生徒が自らの生き方を考え主体的に進路を選択することができるよう，学校の教育活動全体を通じ，組織的かつ計画的な進路指導を行うこと」としている。小学校段階からキャリア教育に取り組むこと，学校教育に変化する社会の動きと結びついた授業などを通じて，地域や社会とかかわり，さまざまな職業に出会い，社会的・職業的自立に向けた学びを積み重ねていくことが，これからの学びの鍵となる。学校と社会との接続を意識することで，子どもたち一人ひとりに，社会的・職業的自立に向けて必要な基盤となる能力や態度を育み，キャリア発達を促すキャリア教育の視点が重要とされている。

**キャリア教育導入の背景**　キャリア教育という用語が初めて登場したのは，中央教育審議会答申「初等中等教育と高等教育との接続の改善について」（1999年）においてとされる。キャリア教育導入の背景には，20世紀後半におきた情報技術革新に起因するグローバリゼーションがあった。雇用形態の多様化・流

動化は，学校から職業への移行プロセスに問題をかかえる若者を増加させ，社会問題となった。この状況のなかで，一人ひとりが「生きる力」を身につけ，主体的に自己の進路を選択決定できる能力を高め，勤労観や職業観を形成し，社会人・職業人として自立できるようにするため，キャリア教育の推進がなされたという経緯がある（文部科学省，2011）。

**体験活動の充実**　新学習指導要領では「体験活動の充実」が教育内容の改善事項の1つとしてあげられている。キャリア教育においては，職業に関する体験活動を核とし，各教科等の特質に応じた体験活動を重視すること，職場体験活動やボランティア活動などの豊かな体験を充実することが求められている。

進路指導・キャリア教育の考え方と指導のあり方として，たとえば，高等学校の就業体験（インターンシップ）では，高等学校卒業後に就職を希望する生徒に対してだけではなく，大学進学希望者が多い普通科の高等学校においても，研究者や大学等の卒業が前提となる資格を要する職業も含めた就業体験（「アカデミック・インターンシップ」）を充実するなど，それぞれの高等学校や生徒の特性をふまえた多様な展開が期待されている。

**ガイダンスとカウンセリング**　生涯を通じたキャリア形成の視点に立った児童生徒の発達を支える指導の充実のためには，主に集団の場面で必要な指導や援助を行う「ガイダンス」と個々の生徒の多様性をふまえ，一人ひとりがかかえる課題に対して個別に対応した指導を行う「カウンセリング」双方により，子どもたちの発達を支援する必要がある。ここでいうカウンセリングとは専門家に委ねることや，面接や面談に限ったものではなく教師が意図をもった生徒との日常的な「対話」を含めた広義なものをさす。

児童生徒が自己の存在感を実感しながら，よりよい人間関係を形成し，有意義で充実した学校生活を送るなかで，現在および将来における自己実現を図っていくことができるよう，各学校の組織的な指導体制および家庭や関係機関との連携のあり方が望まれる。　　　　　　　　　　　　　　　［岩田淳］

**参考文献**　長田徹・清川卓二・翁長有希 2017『新時代のキャリア教育』東京書籍

　児童生徒の問題の多様化・複雑化を考えると，学校内の専門家であるスクールカウンセラー・スクールソーシャルワーカーのみならず，学外の専門機関・関係者と協力して問題解決に向けて対応する必要がある。本項では，学校と関連のある諸機関について，それぞれの特色と学校との連携について記述し，連携の際の留意点を論じる。

　**教育センター・教育相談所（教育研究所）**　教師には最も身近な外部相談機関で，不登校事例などで，親に通所を勧めることも多い。教職経験のある相談員と臨床心理を専門とする相談員とが協力して業務にあたっている。不登校生徒のための教育支援センター（適応指導教室）が設置されている場合も多い。障害全般に関する相談は，特別支援学校（センター的機能）が担っている。

　**児童福祉機関（児童福祉法に基づく）**　以下にあげる社会的資源を利用した相談活動も視野に入れたい。

①**児童相談所**：各都道府県に数カ所あって，かかわる措置，判定，相談，保護などの業務をおこなっている。職員としては，児童福祉司，判定員，医師，保健師，児童指導員などがおかれている。14歳未満の非行は，児童相談所に通告されることになっており，一時保護の措置や児童福祉施設措置をおこなうことができるので，年少生徒の非行，虐待などの事例では，処遇の要となる機関である。

②**養護施設**：保護者のいない児童，虐待されている児童，そのほか環境上養護を要する児童を入所させて，養護し，自立させることを目的とする。最近の傾向としては，虐待・放任，父母の行方不明，長期入院，離別などの理由で入所してくる児童が目立っている。校区に養護施設のある学校では連携を密に行う。

③**児童自立支援施設**：何らかの原因で不良・非行問題（夜遊び・窃盗など）を起こし，家庭・地域の教育，指導力では対応できなくなった子どものうち，小

学校高学年からおおむね中学3年生までの子どもを収容し，教護指導する。

**医療機関** 医療機関は，公立・私立の大きな病院，医療センターから，個人開業の医院・クリニックまで幅広いが，周辺地域の医療環境について情報収集をし，子どもの医療・相談について，信頼できる窓口をつくっておくことは役立つ。地域によっては，心身障害児相談センター，療育相談センターなどの名称で発達障害のある児童生徒に対する総合的支援をおこなう専門機関もある。

**刑事司法関係の機関** 少年補導センターが都道府県，市町村に設置され，街頭補導，環境浄化活動や青少年に関する相談に応じている。地域における生徒の素行などについて，生徒指導担当者を中心とした学校側と警察の連絡会がある地域も多い。生徒が犯罪被害者となったり，犯罪性の高い成人の影響の下に非行化することも少なくない。地域の防犯情報を得たり，必要に応じて具体的協力を得ることが必要である。

**家庭裁判所** 児童生徒が法にふれる行為をした場合には，警察が取り調べをしたうえで，14歳未満の場合には児童相談所に，14歳以上の場合には，事件によって直接あるいは検察庁を通じて家庭裁判所に送られ，具体的処置，処分を決める。

**連携にあたっての留意点** 連携するにあたっては，誰が，何について，どの部分を，どの時期に，どこ(誰)と・何のために(何を目的に)連携するのかを明確にしていなければならない。これらの点が曖昧なままの連携では，成果が得られないばかりか，「この子は，ここにいるべき子ではない」という排除の論理につながりかねず，事態を悪化させることさえある。

また，具体的配慮としては，紹介し任せてしまうのではなく，継続的なかかわりをすること，関係機関に連絡を取るときには，まず本人や親に，その意図を伝え了解を得ることを原則と考えるべきである。

機関にはそれぞれシステムのあり方による制約や独特の論理がある。それらを理解したうえで，専門機関をうまく利用していく態度が望ましい。[岩田淳]

**参考文献** 津川律子・山口義枝・北村世都『教育相談』弘文堂，2015

個人情報の保護と情報開示・共有についてどう考えればよいか

**個人情報保護法**　学校では，子どものさまざまな個人情報を取り扱う。公立学校の教師は地方公務員法第34条に基づき秘密を守る義務，守秘義務を有する。また，個人情報の保護に関する法律（個人情報保護法，2005年施行）により，特定個人を識別することが可能な情報に関する利用目的のできるかぎりの特定化，本人の同意を得ない個人データの第三者への提供の原則禁止，本人からの求めに応じた開示・訂正・利用停止，個人情報の取り扱いに関する苦情の適切・迅速な処理などが明記された。私立学校の場合にも**改正個人情報保護法**の施行（2017年5月）により，個人情報を保護すべき対象となり，学校法人が定める個人情報の取り扱いに関するガイドラインや，雇用契約上における就業規則や秘密保持契約などとともに，守秘義務が課されている。この義務は退職後も続く。公務員法では守秘義務違反に対して懲戒処分や刑事罰が加えられ，私立学校でもほぼ同様な罰則規定が設けられている場合が多い。個人情報を扱うことの責任の重大さとともに，守秘義務が学校（教職員）と地域（保護者）との信頼関係構築のための根幹であることを示している。また，改正個人情報保護法では，個人情報の定義が明確化され，とくに，本人の病歴，犯罪の経歴，犯罪により害を被った事実など，差別の対象になりやすい事柄として，とくに配慮する事例とされ，これらの情報の取得の際には，あらかじめ本人の同意を得る必要があり，第三者提供もできない。詳細は，文部科学省による「個人情報保護に関するガイドライン（平成27年）」，自治体ごとの個人情報保護条例などを参照できる。

**説明責任と情報公開**　「行政機関の保有する情報の公開に関する法律」が制定され，公立学校が対象となる地方公共団体の情報公開条例のなかには，児童生徒がいきいきと学び，地域の人々に信頼される学校教育をおこなうためには「知る権利」を目的規定にあげるものもある。児童生徒の生活の場となる家庭や地域の理解と協力を得て，教育活動を推進していくことが求められる学校教

育の場においても，その運営について説明する責任がある。学校教育における説明責任は，保護者や地域全体への説明責任と個別の保護者に対する説明責任に分けて考えることができる。

前者の例としては，今日，多くの学校がおこなっている，ウェブサイトを活用した，学校の教育方針や指導計画，研究活動など教育活動にかかわる情報の発信がある。この際，個人が不利益を被ることのないように細心の注意をする必要がある。また，著作権については，児童生徒の作品や教職員が作成した教材や指導案などに著作者の権利があることを意識し対応することが必要である。

後者の例としては，**個別の教育支援計画**による支援をおこなう際，保護者に対して説明をする場合などである。ただし，虐待が疑われる事例（問題35参照）では，児童生徒の権利利益保護の観点から，親権者に対しても児童生徒の利益と相反する情報の公開をしてはならない。

**守秘義務と連携**（情報開示・共有）　教師が生徒や保護者から「誰にも言わないで」と秘密を打ち明けられることがある。しかし，教師は学校組織の一員として仕事をしており，一教師で秘密をかかえ込むことは避けなければならない。また，個別の支援を必要とする児童生徒の高度な個人情報を，教師のチーム，スクールカウンセラー，ときには学外の医療・福祉などの専門機関と共有する必要が生じる。このように，守秘義務と情報開示・共有には相反する機能があり，**倫理的ジレンマ**を生じる。

自傷他害（自殺や他者に危害を及ぼす行為）または法律に定めがある場合はもちろん，情報開示・共有が児童生徒のよりよい教育指導・相談支援に必要との冷静な判断が必要である。そのうえで，保護者と本人である児童生徒（年齢や状態を勘案する）に情報共有の同意が得られるよう十分に話し合いたい。同意を得るためには，情報開示・共有は，めざしている教育指導・相談支援（目的），開示共有する相手（対象・範囲），その内容と期待される効果を説明するとともに，その結果を報告する。そして，保護者および本人の不安を聞き取ることが大切である。

［岩田淳］

**参考文献**　菱村幸彦『Q&Aスクール・コンプライアンス110選』ぎょうせい，2017

## 問題 26　不登校の実際について知りたい

　**不登校への対応の基本**　「不登校は，特定の子どもの現象ではなく，どの子にも起こりうる」（文部科学省，2003）という認識のもと，フリースクールなど学校以外の場で学ぶ不登校児童生徒の支援を目的とした「**教育機会確保法**」が成立し（2016年），対応の幅は広がりつつある。学校へ行けない子どもは精神力が弱い，甘えているという見方は，子どもを追い込み，苦しめることが少なくなく，しばしば不登校をこじらせ長期化させる。

　**登校刺激について**　一時期，「登校刺激を与えない」ようにいわれていたが，登校を促すと激しい情緒的な反応や身体症状を呈するときを除き，状態や時期によっては「登校刺激を与える」ことも必要である。とくに，休みはじめてから2週間までに，家庭訪問や同級生の働きかけなどによって長期化せずにすんだ事例は少なくない。初期の数日から1週間は，登校できなくなった原因を探り，登校に向けて環境を調整し，再登校を目標としたアプローチも大切である。不登校初期は，かぜなど体調の不調を理由に休むことが多い。3日間連続して休んだり，遅刻や早退が続いている場合には，電話で本人や保護者と話したり，家庭訪問や個人面接などを行うとともに，スクールカウンセラーや養護教諭などと子どもの状態と支援について話し合うことが望まれる。1週間程度の休みであれば教室の敷居もあまり高くないが，休みが長期化すると同級生の反応などを意識し教室の敷居が二次的に高くなることも当然ともいえる。

　**不登校の実態**　中学校3年生で不登校状況だった生徒を対象とした追跡調査（文部科学省，2016）によると，不登校の主な継続理由として，無気力で何となく学校へ行かなかった（43.6%），身体の調子が悪いと感じたり，ぼんやりとした不安があった（42.9%），いやがらせやいじめをする生徒の存在や友人との人間関係（40.6%），朝起きられないなど，生活リズムが乱れていた（33.5%），勉強

についていけなかった (26.9%)，学校に行かないことを悪く思わない (25.1%) がある。この不登校の主な継続理由から「無気力型」(40.8%)，「遊び・非行型」(18.2%)，「人間関係型」(17.7%)，「複合型」(12.8%)，「その他型」(8.7%) の5つに類型化することができる。不登校のきっかけは，友人関係の問題が多く，いじめから日常的な学校生活のなかで起こる些細なものまで程度はさまざまであることが推察される。

　長期化の要因の1つとして，発達障害または，その傾向にある児童生徒の二次障害 (問題43参照) としての不登校がある。発達障害のある児童生徒は，不注意 (注意困難)，感情や衝動性のセルフコントロールの困難，対人スキルやコミュニケーション能力の不得手など特性に基づく課題から，友人関係でのトラブルや，教師から注意・叱責を受ける体験から，自尊感情や自己効力感を低下させ不登校に至ることもあると考えられる。

　不登校時期の分析では，学校を休み始めた時期と長期化した時期との時間的ずれがあることから，五月雨登校や心身の不調を訴える時期など一定の期間の存在がうかがわれる。追跡調査も1週間以内の初期対応の重要性を指摘している。不登校が長期化した場合，生活リズムが夜型になり，昼夜逆転した生活になるために朝起きられなくなるという悪循環が生じる。学校を休んでも生活リズムを整えておくことが，早期に学校復帰するには必要である。

　中学校卒業後の進路を高校への進学率からみると，前回調査 (平成18年度) の65.3%から85.1%に改善されている。通信制高校やサポート校の社会的リソースや学校の支援体制の充実が要因として考えられる。

　■**対応**　不登校を予防するためには，Q-U アンケートやストレスアンケートなどの活用，構成的エンカウンターグループ (問題65参照) やソーシャルスキル・トレーニングなどの体験型授業を実施することにより，自己理解や他者理解の深め，コミュニケーションスキルを獲得する，ストレスマネジメント (問題60参照) などの授業において，ストレスコーピング (対処) の力を身につける機会をつくることなどが有効である。不登校が長期化の様相を呈した場合には，スクールカウンセラーとの相談を方向づけたり，教育支援センター (適応指導教室) (問題28参照)，メンタルフレンド (不登校児童生徒に定期的に学生を派遣して

一緒に遊ぶ活動）などの情報提供をするなどの方策があることを知っておきたい。

**不登校からの回復**　不登校の背景や状態，経過や様相はさまざまであり，対応も解決への道筋も複雑であるが，登校を再開しはじめる兆候はいくつかある。睡眠リズムの回復，食欲が出る，頭痛，腹痛，吐き気などの身体症状の減少，笑顔が増える，家族との会話の増加，担任からの電話に出る，家庭訪問の際に顔を見せるなど，教師や学校という刺激にも耐性がみられる。心のエネルギーが潤沢になり，活動性が高まるため，家での生活が退屈になり，外出する回数が増える，友人と会っても動揺しなくなる。このような様子が出現すると登校再開に向けて，本人の意向を確認しながら具体的な話し合いが可能となる。

**家族への対応**　子どもが不登校になると，一般的に家族内で原因探しや犯人探しが起こりやすく，それまで表面化していなかった家族関係の問題が顕在化し，育て方を責め，家族関係が悪くなることもある。そうなる代わりに，「今，そして近い将来に，家族が子どものために協力してできることは何か」について考えたい。仮に，原因と思われる要因または親の対応があったとしても，本人や親を決して責めないことが大切である。家族にはそれぞれ独自の歴史と秘密があり，その家庭なりの必然があったという理解をしたい。不登校の子どもをかかえる親が，家にいる子どもの対応や将来について悩み，子どもに対して強い否定感をもつことも多いが，積極的に傾聴し，共感的・受容的態度で支える。また，親は疲弊しているので，親自身に気分転換をはかってもらうことも必要である。　　　　　　　　　　　　　　　　　　　　　　　　　　　　［光延］

**参考文献**　市川千秋・工藤弘『不登校は必ず減らせる—6段階の対応で取り組む不登校激減法』学事出版，2017

中1ギャップとは何か

**中1ギャップとは** 小学校から中学校への進学という新しい環境への移行段階で，学習や生活などで円滑に適応できず，不登校やいじめなどの問題行動につながっていく事態をさす（文部科学省，一部改変）。たとえば，平成27年度「児童生徒の問題行動等生徒指導上の諸問題に関する調査」（文部科学省）の学年別不登校児童生徒数では，小学6年生が約9000人に対し中学1年生は約2万5000人弱と2.7倍の増加（ギャップ）を示す。これは他学年間ではみられない現象であるとして，中1ギャップは小中学校間の接続の問題の表現として用いられている。小学6年生と中学1年生との間には高い壁やハードルがあるために起きているというより，小学校から中学校の連続性のなかで起きる現象である。表面化しなかった小学校時代からの問題に加え，中学校という小学校とはちがう新たな環境から生じる問題との両側面からみていくことが生徒理解には重要である。

**中1ギャップの背景要因** 中1ギャップの背景となる主な要因を以下にあげる。

①**レディネス（準備性）の不足**：中学校生活を受け入れるには，まだ個人の心身の発達が十分には育っていないこと。

②**新たな人間関係の再構築のつまずき**：複数の小学校が集まる中学校生活は，新しい級友と出会うことから始まる。このとき，新しい人間関係をつくることに苦手意識が強かったり，コミュニケーション・スキルが乏しかったり，今まで自分から友だちづくりをしてこなかった生徒は小学校時代の安定した人間関係を失い不安を強めたり，学校での居場所が見つけられないなどの問題が生じる。

③**先輩・後輩という関係の出現**：小学校での委員会などで最上級生としてリーダーシップをとる立場から，中学校になると最年少の自由や権限のない立場へと急変する。部活動などが始まり，先輩から言葉遣いや態度などを注意されて戸惑ったり，自信を喪失したりする場合もある。

④**いじめの増加**：リーダー争いによるいじめや，異質なものを排除して集団の結びつきを強めようとする陰口やからかいなどもみられる。また，第二次性徴により体格のちがいも顕著になって，体型や容貌，運動能力，学力など表面にみえる特徴などからスケープゴートを排除して結束を強める場合もある。

⑤**学習体制の変化と学習内容の負荷の増大**：中学入学と同時に教科担任制に移行し，教室移動なども複雑になる。担任教諭から終日見守られていた小学校とは環境が変わる。また，教科数が増え，中間・期末考査などへの対応も必要になる。教材や資料も増えるため自己管理の重要性が増し，勉強量の増加や学習難度の変化に対応しきれず不適応を起こす場合がある。

⑥**生活リズムの変化**：部活動や学習塾，課外活動など多忙になり，さまざまな日課を自己管理する必要がある。部活では朝練への参加やほかの練習場への移動など，生活が複雑になり，そのなかでいかに効率よく学校の宿題や課題をこなすかも課題となる。

⑦ **SNS などの普及による環境の変化**：スマートフォンの普及，インターネット，SNS など情報ツールは便利であると同時に，SNS 依存やいじめの温床になる場合もある（石川，2015）。

　■**対応**　政府の教育再生実行会議（2014）でも，中1ギャップが取り上げられ，支援体制の1つとして小中一貫校の制度が注目されるなど，小学校と中学校の連携体制の強化を図っている。中学1年生にスクールカウンセラーによる全員面接を導入している学校や自治体もある。中学校進学は保護者にとっても不安と戸惑いが大きいため，保護者会や三者面談を入学後早期に実施して保護者との関係づくりに努めるなど，多面的な支援ネットワークづくりの取り組みがおこなわれている。　　　　　　　　　　　　　　　　　　　　　　　　[光延]

**参考文献**　渡辺弥生『中1ギャップを乗り越える方法—わが子をいじめ・不登校から守る育て方』宝島社，2015

文部科学省国立教育政策研究所生徒指導・進路指導研究センター：生徒指導リーフ「中1ギャップの真実」→ウェブページ URL は巻末の引用文献を参照

## 問題 28　家庭訪問と教育支援センター（適応指導教室）をどのように進めるのか

**家庭訪問**　不登校への対応で最も多い取り組みは教師の家庭訪問である。教師の家庭訪問は，無理やり子どもに会おうとしたり，登校を約束させることは悪影響をもたらしやすいが，教師が子どもと会おうとすること自体は「教師が子どものことを気にかけ心配している。子どもとつながっている」というメッセージとなる。子どもの顔を見なくても，家を訪ねるだけでも意味がある。

基本的には担任が訪問するが，本人との関係がよくない場合には，スクールカウンセラーや本人との関係が良好な教師に訪問してもらう。原則的には親を通してであっても訪問を予告する。会いたくないのなら自室にこもっていてもよいことを伝える。その際，親にも無理に出てこさせるはたらきかけはしないようにしてもらう。

本人に会えない場合には「学校に来る来ないが問題ではなく，本人が元気になることを願っていること」や「いやなことを無理に聞き出そうとは思っていないこと」を伝える。教師の思いや本人が感じているであろう脅威を和らげるためである。また，家庭訪問には親を支えるという目的もあるので，できれば定期的に続け，本人の反応をみながら対応を検討する。訪問を極端に拒否している場合は，「見守っている」という姿勢が伝わるように伝言して中止する。

本人に会えるようになってからは，登校の約束をさせたり，家での生活について説教するなどは控える。原則的には「はい」「いいえ」で答えられるような質問をする。最初のうちは，本人の趣味や好きなことの話をする。教師が知らない不得手な話題でも本人に教えてもらうという関係は本人に安心感を与え，つながりを深める。家での生活に退屈を感じている様子がみられたら，同級生や部活の友人につなげたり，放課後の登校や保健室登校などのアイデアを提案して話し合ってみる。学校の話をするときには，本人の表情なども観察しながら，「学校のことを聞いていいか」「友だちのことを話してもいやではないか」など本人に聞き，OKがでるようなら話題にする。登校の可能性が具体化する

場合には，性急に教室に誘おうとはせず，どの授業なら出られそうかなどの希望を聞いたり，「いつでも逃げられる」配慮をしておくことも重要である。

家庭訪問をおこなう場合は，常にその意図・目的，方法および成果を検証する必要があることはいうまでもない。

**教育支援センター（適応指導教室等）の利用**　長期化し再登校が困難と考えられる場合には，教育支援センター（適応指導教室）などについて説明することになる。教育支援センターとは，不登校児童生徒の集団生活への適応，情緒の安定，基礎学力の補充，基本的生活習慣の改善などのための相談・適応指導（学習指導を含む）をおこなうことにより，その学校復帰を支援し，もって不登校児童生徒の社会的自立に資することが基本とされている。2015年に実施された調査によると，都道府県および市区町村教育委員会などのうち，教育支援センターが設置されている自治体は60％である。

地域により，その名称・設置場所は異なるが，教育相談所など，公共施設の一部が使用されることが多い。やや遅めの登校時間を設定するなど，不登校児童生徒が通いやすいように条件が考慮されている。活動内容も個別学習（教科学習）のみならず，レクリエーションや調理実習など多彩な活動を取り入れたり，家庭訪問やカウンセリングなどもおこなっている。児童生徒の在籍期間は6カ月以上である場合が多く，学校への復帰率は，小学校が約44％，中学校が約39％，高校が約68％である。中学，高等学校では，学年が上がるにつれて復帰率が高い。

教育支援センターは学校との定期的な面談や文書により，教育支援センターでの通級状況や活動の様子を情報交換したり，学校や学級のプリントを適応指導教室でも活用したり，また進路指導は学校と協議しておこなうなど，学校との連携が密におこなわれている。　　　　　　　　　　　　　　　　　　　［岩田淳］

**参考文献**　吉井健治『不登校の子どもの心とつながる―支援者のための「十二の技」』金剛出版，2017

不登校に関する調査研究協力者会議「不登校児童生徒への支援に関する最終報告～一人一人の多様な課題に対応した切れ目のない組織的な支援の推進～」2016

　→ウェブページURLは巻末の引用文献を参照

**問題 29** いじめ問題の経緯といじめ防止対策法について知りたい

**いじめ問題の経緯** 学校におけるいじめが教育的・社会的な問題になって久しい。文部科学省による，いじめに関する調査は1985（昭和60）年からおこなわれているが，社会問題化している背景には，いじめを苦にしたと考えられる子どもの自殺があとを絶たないことにあると考えられる。若い教師のなかには過去に同じ悲劇が繰り返されている経緯を知らない者も少なくない。本項では過去に起きたいじめが関与する子どもの自殺とそれらが契機となった対策の経緯について述べる。

1986（昭和61）年，中野区の中学2年生男子生徒がいじめを苦に自殺した。日本で初めてのいじめ自殺事件とされる。この事件ではその男子生徒の「葬式ごっこ」が開かれ，これに担任教師等が加担した。

1994（平成6）年，愛知県の中学2年生の男子生徒が自殺した事件では加害の主犯格の生徒が多額の金を恐喝し，初等少年院等に送致されている。この後，いじめの定義が変更された（図）。

| いじめの定義 | |
|---|---|
| **～平成17年度** | 自分より弱い者に対して一方的に、身体的・心理的な攻撃を継続的に加え、相手が深刻な苦痛を感じているもの |
| **平成18年度～** | 当該児童生徒が、一定の人間関係のある者から、心理的、物理的な攻撃を受けたことにより、精神的な苦痛を感じているもの |
| | 発生場所は学校内外を問わず、個々の行為が『いじめ』に当たるか否かの判断はいじめられた児童生徒の立場に立って行う。<br>具体的ないじめの種類に「パソコン・携帯電話での中傷」「悪口」などを追加。「発生件数」から「認知件数」に変更。 |
| **いじめ防止対策推進法（平成25年）の定義** | 児童等に対して、当該児童等が在籍する学校に在籍している等当該児童等と一定の人的関係にある他の児童等が行う心理的又は物理的な影響を与える行為（インターネットを通じて行われるものを含む。）であって、当該行為の対象となった児童等が心身の苦痛を感じているもの |

【いじめの防止等のための基本的な方針より】
○「いじめ」に当たるか否かの判断は、表面的・形式的にすることなく、いじめられた児童生徒の立場に立つことが必要
○いじめの認知は、特定の教職員のみによることなく、「学校におけるいじめの防止等の対策のための組織」を活用して行う

いじめの定義の変遷（文部科学省初等中等教育局「いじめに関する調査の変遷」）

2006（平成18）年には北海道で小学校6年生の女子児童が学校内で遺書を残して自殺，福岡県の中学2年生男子生徒が自殺（教師による不適切な指導がいじめを誘発，いじめ件数の虚偽の報告）を受けて，文部科学省が「児童生徒のいじめ問題に関する都道府県・指定都市生徒指導担当課長緊急連絡会議」を開催し「いじめの問題への取組の徹底について」を通知した。

　2011（平成23）年，大津市中2いじめ自殺事件では，学校／教育委員会の当事者意識の欠如・隠蔽体質が問題視された。この事件が契機となり，2013（平成25）年に教育再生実行会議が開催され，いじめ防止対策推進法が公布・施行された。

　**いじめ防止対策推進法**　いじめを「児童生徒に対して，当該児童生徒が在籍する学校に在籍している等 当該児童生徒と一定の人的関係にある他の児童生徒が行う心理的又は物理的な影響を与える行為（インターネットを通じて行われるものを含む。）であって，当該行為の対象となった児童生徒が心身の苦痛を感じているもの」と定義した。国，地方公共団体及び学校の各主体による「いじめの防止等のための対策に関する基本的な方針」を策定し，基本的施策・いじめ防止等に関する措置を明記（表）するとともに「重大事態への対処（問題32参照）」を定めた。

[岩田淳]

**基本的施策・いじめ防止等に関する措置**
（文部科学省，http://www.mext.go.jp/a_menu/shotou/seitoshidou/1337288.htm）

---

1　学校の設置者及び学校が講ずべき基本的施策として1道徳教育等の充実，2早期発見のための措置，3相談体制の整備，4インターネットを通じて行われるいじめに対する対策の推進を定めるとともに，国及び地方公共団体が講ずべき基本的施策として5いじめの防止等の対策に従事する人材の確保等，6調査研究の推進，7啓発活動について定めること。

2　学校は，いじめの防止等に関する措置を実効的に行うため，複数の教職員，心理，福祉等の専門家その他の関係者により構成される組織を置くこと。

3　個別のいじめに対して学校が講ずべき措置として1いじめの事実確認，2いじめを受けた児童生徒又はその保護者に対する支援，3いじめを行った児童生徒に対する指導又はその保護者に対する助言について定めるとともに，いじめが犯罪行為として取り扱われるべきものであると認めるときの所轄警察署との連携について定めること。

4　懲戒，出席停止制度の適切な運用等その他いじめの防止等に関する措置を定めること。

---

**参考文献**　第二東京弁護士会子どもの権利に関する委員会編『どう使う　どう活かす　いじめ防止対策推進法』現代人文社，2015

## いじめ問題をどのように理解すればよいか

　いじめは，どの学校でも起こりうる日常的な教育問題である。いじめの様態は「冷やかし・からかい」「言葉での脅し」「仲間はずれにする」行為から，金品の強要や犯罪の強制，性的に辱めたり，段る蹴るの暴行を加えるなど犯罪行為に近い陰湿なものまで広範である。とくに近年は，SNS の普及による教師に見えにくいいじめの増加，**スクールカースト**（生徒は“地味グループ”“イケてる側”，“一軍，二軍，三軍”などの表現をする）との関連，いじられキャラとしての居場所の保証や承認，遊びと悪ふざけとの境界が曖昧，被害者を仲間集団へと囲い込むことによる集団の人間関係の維持，いつ自分が被害者になるやもしれないもち回りのような，被害と加害の立場の入れ替わりなど，事態は複雑化している。

　**いじめのメカニズム**　森田（1994）の「いじめの 4 層構造論」は，いじめが特定の個人が行う問題行動というよりも集合化したいじめ集団によっておこなわれる傾向が強く，被害者，加害者という直接的関係以外に，加害者の周りで応援しはやし立てる観衆的立場，さらにその周辺にわれ関せずにいる傍観者的立場によって大きく左右されていくことを解明した。さらに，いじめの減少困難や助長の要因として傍観者をあげ，傍観者層の多寡は，被害者の多寡と最も強い有意な相関を示すことが見いだした（森田，1991）。

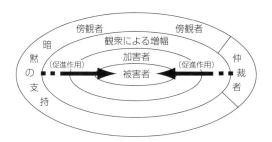

**いじめの集団の四階層構造モデル**（森田，2010）

本間（2014）は臨床心理学的立場から，いじめを「歪んだ人間関係の一形態」と解説する。相手との親密感や信頼感の増大が，逆に近い関係ゆえに相手との距離感が失われ，関係が不安定化し「支配と服従」という歪んだ関係が時間の経過とともに固定化してしまう。さらに，学校は「いじめが発生しやすい条件」があるという。子どもたちは1日の生活時間の約半分を学校で過ごし，学級集団を基本的な単位として送る学校生活は「同一メンバー」と「同じ場所」で「長時間」生活をともにすることになり，「歪んだ人間関係」を形成しやすいとの指摘である。

**いじめの認知（発生）率**　いじめの実態は「発生件数」や「認知件数」と表現する。教職員が認知できた件数は，あくまでも真の発生件数（特定することは不可能であるとしても）の一部にすぎないし，認知件数についても数値を過信できない。いじめ自殺事案を受けて積極的にいじめを把握しようと努めたことにより，件数が急増する現象が生じるからである。平成27年度「児童生徒の問題行動等生徒指導上の諸問題に関する調査（速報値）」を図示したが，呼称やいじめの定義が変更（問題29参照）された意味をふまえ，数字の増減に一喜一憂せずに，積極的に認知し，解消を図っていく姿勢が重要である。　　　［岩田淳］

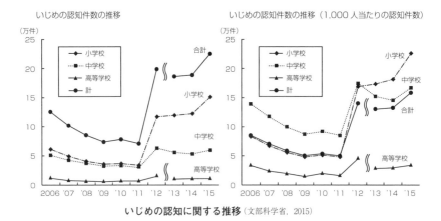

いじめの認知に関する推移（文部科学省，2015）

参考文献　森田洋司『いじめとは何か』中央公論社，2010

# 問題 31　いじめ問題にどう対応すればよいか

**いじめられている子どもの心理とその対応**　いじめられている子どもは教師や親に訴えることは少ない。いじめのプロセスが，何時どこにいても孤立無援であるということを実感させる「孤立化」，反撃は一切無効であることを教え観念させる「無力化」，大人も級友も別世界に住むように思え加害者だけが見える，その関係も永久に続くように思え，そのころには周囲には見えなくなる「透明化」にあることを理解しておきたい（中井，1997）。斎藤（2016）は，いじめ関係が不可視な存在になりやすい理由として「いじめの被害体験が告げ口（チクリ）の禁止や被害者の自尊心，周囲への配慮によって語られにくい」，加えて「いじめ加害者が被害者にいじめを否認するよう強要したり，教員側が『子ども同士のトラブル』と言った言い方で否認，隠蔽する場合もある」と述べている。

　たとえ「悪ふざけ」程度にしか見えずとも，まずは「いじめられている」という訴えを信じ，安心した人間関係を成立させることと，安全の確保をすることが第一である。いじめられている子どもの性格上の問題や対人関係の悪さなどを原因として指摘したり，「やられたらやり返せ」との激励は，子どもを追い詰めこそすれ，何の解決にも結びつかない。子どものころのいじめ被害経験が後年における自尊感情や特性不安（一時的に感じている不安ではなく，その人の性格などに由来する不安になりやすい傾向），抑うつ，孤独などに影響を与えることは多くの研究で示されている。重篤な心理的外傷として不登校やひきこもりなど行動化することも多い。

**いじめる子どもへの対応**　その言動に対して明確な注意を与えると同時に，いじめという行動が，その子なりの SOS であるとの認識をもち，いじめる子どもの気持ちを理解する態度が求められる。多くの場合，子どもは自身の欲求を抑えて学校規範や家庭からの期待に努力して適応しようとしており，それらを逸脱する行為を攻撃する，あるいは，なんらかの支配（親の厳しいしつけ）や

抑圧（威嚇・体罰によるもの）を受け，援助を求めていたのに得られずにいたり，自身の欲求不満のはけ口としての行動化がいじめである可能性がある。子どもの反発，不満，行き場のない言い分を聴くこと，「いじめる子」を犯人扱いし「いじめ問題」とくくってとらえるのではなく，その子どもの「全体」を理解することが重要である。

　いっぽうで，田代（2016）は，加害者臨床の視点から，いじめをめぐる現況では「何よりもまず（自分が加害者であるという）『当事者意識』を高めることが重要」と指摘する。その具体的内実は，加害者としてのいじめの様相を知ること，いじめのなかで，自分がどのような「役割」を果たしているかを知る，「いじめのメカニズム」と「いじめ加害／被害の心理」を知ることとしている。

**学校におけるいじめ防止の実践的な対応**　田代（前出）は，学校でのいじめ防止と対応の具体的な方法として，2つの方法を実践している。1つは，リフレクティング・プロセス（家族療法の手法）を応用実践した「話し合い方」で，校長を含む教師集団のグループが全校生徒の見守るなかで，いじめといじめに対する「思い」や「自分の経験」について話し合うという心理教育である。もう1つは，いじめを「いじめ魔王」として擬人化・外在化して，（全国の中学校にいじめを広めている）この魔王が当該中学校で（全校教師の前で）記者会見を開き，その後生徒代表とも話し合いをおこなうというものである。

　予防的対応としては，いじめについて直接ふれることなく，コミュニケーションスキルや，学級という集団内での人間関係を調整し社会性を高める実践としてのソーシャルスキルなどの人間関係スキル獲得を目的とするものもある。

　いじめ防止プログラムは，学校単位から市町村単位，都道府県単位と範囲を拡大しての取り組みが全国で実施されている。

　たとえば，東京都教育委員会は「いじめ総合対策」（東京都教育委員会, 2011）を受けて「いじめ問題に対応できる力を育てるために―いじめ防止プログラム」（東京都教育委員会, 2014）を開発した。プログラムの中核は，いじめ防止のための学習プログラムといじめ問題解決のための教員研修プログラムである。学習プログラムは，児童生徒の発達段階に応じて編成されており，学習内容は，①いじめを傍観しない基盤づくり，②いじめを生まないための互いの個性の理

解，③いじめを生まない望ましい人間関係の構築，④いじめを絶対しないための気持ちの調整という4領域で構成されている。

　西井 (2014) は，いじめ未然防止プログラム実施上の留意点を次のように指摘する。

①授業者の役割：教師は子どもたちが生き生きと活動できるようファシリテーションを行うのであり，ねらいを教訓がましく伝えることを避ける

②安心・安全な場の維持：集団セッションの場で，教師の批判や仲間からの評価を気にせずに安心して意見を言い，受け入れられるという安心・安全感を作り出す授業展開が求められる

③「関わり」の重視：プログラムのメインはエクササイズであるが，その達成よりも，集団でどのように活動し，自分やメンバーへの関わり方への内省が重要である

④「協力」が「排除」を生む危険性：集団活動に協力は不可欠であるが，教師が子ども全員に同調性を要求することで協力体制を強化しようとしない。

　いじめ防止の基礎をなす教育課題は，自分がかけがいのない1個の人間として大切にされている，同時に自分とは異質である他者の存在をも認め合いながら「お互いを共感する能力」という子ども自身の人権感覚を育てることである。そこには当然「自己肯定感」および「自己有用感」を育む課題が提唱される。また，競争をまったく否定するべきではないとはいえ，せめて失敗が否定されることのない環境のなかで，子どもの発表力，表現力，コミュニケーション能力を継続的に育成していくことを真摯に取り組みたい。　　　　　　　　[岩田淳]

**参考文献** 中井久夫『いじめのある世界に生きる君たちへ—いじめられっ子だった精神科医の贈る言葉』中央公論新社，2016

　　増田健太郎編「いじめ・自殺—被害・加害・社会の視点」『臨床心理学』96，金剛出版，2016

いじめ防止対策推進法第28条第1項において，いじめの「重大事態」にかかわる調査について規定された。重大事態とは，「いじめにより当該学校に在籍する児童等の生命，心身又は財産に重大な被害が生じた疑いがあると認める」事態，「生命心身財産重大事態」および「いじめにより当該学校に在籍する児童等が相当の期間学校を欠席することを余儀なくされている疑いがあると認める」事態，「不登校重大事態」と定義されている。「いじめの重大事態の調査に関するガイドライン」では，重大事態として扱う事例が例示されている。児童生徒が自殺を企図した場合，暴行を受け骨折した，心的外傷後ストレス障害と診断されたなど心身への重大な被害，複数の生徒から金品を要求され，総額1万円を渡した，スマートフォンを壊されたなどの金品などの被害，30日には達していなくても欠席が続き，学校へ復帰ができずに転学（退学）した事例などである。いじめ防止対策推進法施行以降，４７都道府県と２０政令市のうち少なくとも７割の４５自治体で，いじめ自殺などが疑われる「重大事態」が起きていたとの調査結果もあり，重大事態の判断と対応は学校の喫緊の課題である。重大事態は，いじめが早期に解決しなかったことにより，被害が深刻化した結果であるケースが多い。子ども同士のトラブルや人間関係の問題として双方の話し合いで「解決」したと結論づけるのではなく，表面化したことによる子どもの人間関係の変化と継続的な対応に留意するべきである。以下，「いじめの重大事態の調査に関するガイドライン」に沿って要点を概説する。

　**調査の実施**　学校は，重大事態が発生した場合，速やかに教育委員会ら，学校の設置者を通じて，地方公共団体の長らまで報告する義務がある。重大事態の調査主体を学校とするか，教育委員会らとし，第三者委員会を設ける場合がある。つぎに，被害児童生徒・保護者らに調査方針を説明する。詳細な調査をしていない段階で「いじめはなかった」などの断定的な説明をしない，家庭の問題に言及するなど被害児童生徒・保護者の心情を害する言動は慎むことは基

本原則である。調査にあたって①調査の目的，②調査主体，③調査時期・期間，④調査事項，⑤調査方法，⑥調査結果の方法について説明をおこなう。なお，被害児童生徒・保護者が詳細な調査や事案の公表を望まない場合であっても，学校および教育委員会らは自らの対応を振り返り検証することは必要である。アンケート調査をおこなう場合には，調査対象者である児童生徒と保護者に，調査の目的を説明して実施する。また，加害被害児童生徒から，調査対象となっているいじめの事実関係を意見聴取する際には，公平性・中立性を確保する。調査により把握した情報の記録（アンケートの原本や意見聴取した面談記録など）は適切に保管する。

　自殺または自殺未遂以外の重大事態の場合にも，①文書情報の整理，②アンケート調査，③聞き取り調査，④ ①〜③の調査により得られた情報を整理し，分析・評価をおこなう，⑤再発防止策の検討，⑥報告書の取りまとめをおこなうことが必要となる。

　**子どもの自殺が起きときの背景調査**　子どもの自殺または自殺が疑われる死亡事案が起きたときに学校および教育委員会らが**背景調査**をおこなう。背景調査は「基本調査」と「詳細調査（中立的な立場の外部専門家が参画した調査組織）」から構成され，その目的は①今後の自殺防止に生かすため，②遺族の事実に向き合いたいなどの希望に応えるため，③子どもと保護者の事実に向き合いたいなどの希望に応えるためである。また目標は，①何があったのか事実を明らかにする，②自殺に至る過程，③ ①②をふまえ今後の再発防止への課題を考え，学校での自殺予防の取組のあり方を見直すことにある。　　　　　　　　［岩田淳］

**参考文献**　文部科学省「いじめの重大事態の調査に関するガイドライン」→ウェブページURL は巻末の引用文献を参照

　　　　文部科学省「子どもの自殺が起きたときの背景調査の指針（改訂版）」→ウェブページURL は巻末の引用文献を参照

非行にはどう対応すればよいのか

「非行は社会を映す鏡」といわれるように，非行に走る子どもたちは，時代や社会，経済，価値観，家族のあり方などの影響をうけて非行に至る場合が多い。非行の原因は，規範意識の低下，家族・学校・地域の教育力の低下，ゲーム・インターネット・動画サイトなどの仮想現実の浸透，学校制度の問題など，さまざまな観点から議論がされている。1つの原因だけから説明するのは困難であり，生物学的・遺伝的要因，社学的要因，家族要因，人格的要因などが絡み合っていると考えるのが妥当であろう。

　法的には，少年（満20歳未満の者）による犯罪行為（14歳以上20歳未満で刑罰法規に違反した行為），触法行為（14歳未満で刑罰法規にふれる行為をした場合）および虞犯（犯罪をおこなうおそれのある状態）を総称して非行という。この分類は家庭裁判所が審判の対象や，警察が検挙する場合などに用いられる。また，非行には該当しないが警察が補導対象とする行為を不良行為という。

　**非行を犯した少年の処遇**　未成年の犯罪行為は，警察が捜査をし，事件として立件され，一部を除いて家庭裁判所に送致される。家庭裁判所では家庭裁判所調査官が事件の動機のみならず，少年や家族の状況，性格，生育歴などを調査し，処分についての意見を述べる。比較的軽い事件では，調査官の面接だけで終了したり，審判で注意を与えることで終わるが，事件が重大であったり生活が極端に乱れている場合には，少年鑑別所に収容され，その間に少年の資質や性向などが審判の参考にされる。家庭裁判所の処分を保護処分と呼び，保護観察処分（保護観察官が地域ボランティアの保護司と連携し，処分対象者に必要な指導や助言をおこなう），児童自立支援施設（職員が生活をともにしながら生活指導，教科指導をおこなう児童福祉施設）への送致，そして少年院送致がある。少年院には初等少年院（おおむね15歳まで），中等少年院（16歳以上），心身の障害のある者のための医療少年院があり，少年の問題性や教育の必要性などに応じて，生活訓練や教科教育，職業能力開発などの矯正教育をおこなう。平成16年以降，

少年刑法犯の検挙人員は急激に減少しているが，その内容は窃盗犯，すなわち万引き・自転車盗・オートバイ盗・「占有離脱物横領」が全体のほぼ6割を占めている。「占有離脱物横領」とは放置自転車の乗りまわし，乗り捨てる行為が該当する。これらは初発型非行と呼ばれ，犯行の手段が容易で動機が単純であることを特徴とするが，ほかのさまざまな本格的な非行へと深化していく危険性が高い非行とされる。

**学校現場で問題となる非行行為**　異装（制服を着崩す），校内暴力，万引き・窃盗，深夜徘徊，喫煙・飲酒，不純異性交遊などがあげられる。家出は犯罪ではないものの，未成年者が保護者の保護・監督を離れた状況はさまざまな犯罪の被害にあいやすく重大な問題である。

**現代非行の特徴**　非行を社会病理の視点からとらえ，児童虐待の増加や子どもの相対的貧困率の高さ（問題36参照）との関連を指摘する論もある。少年鑑別所や少年院への新入所者の保護者の状況についての調査では，実母のみの数と割合が増えている。発達障害と非行との関連も今日的な課題である。非行少年に発達障害のある子が多いとはいえないが，発達障害の特性を周囲にわかってもらえないことや，育てにくさという点から，親からの虐待につながりやすいことが非行と関係しているのではないかとも考えられている。

急速なインターネットの発展した社会において，子どもが加害者になる犯罪もみられる。たとえば，菓子に異物を混入する動画をサイトに投稿したり，祭りの会場でドローンを飛ばすというネット予告をするなど，少年が逮捕される事件も起きている。東京少年鑑別所と東京の多摩少年院が加害少年のネット利用の実態を調べたところ，加害者となった少年は，被害・加害いずれの立場も多く経験し，知らない人とも容易にかかわっていた。トラブルが多く，被害や加害の経験が積み重なることで，自分がされたことを人にもしてしまう，やってはいけないことの感覚がまひしてくる，それが非行や犯罪につながると分析している。また，振り込め詐欺の現金の受け取り役になってしまうケースが増加しているが，東京少年鑑別所の調査では，詐欺で入所した少年のうち，犯罪の認識がなかった，あるいは少ししかなかったという少年が6割にのぼっていた。犯罪の結果や被害の深刻さに思い至らず，軽い気持ちで犯罪者になってい

ることがわかる。

■**対応**　非行は，行動化が顕著で，経過の進展も早く，学校内にとどまらないことも多いので，警察や児童相談所など学校外の機関や関係者との連携が必要な場合も多い。また，児童生徒に対して指導を強化して高圧的にかかわると，ますます教師や学校への反発を強め，受容的に聴いていても効果のない対応となり，剛柔を駆使する対応が求められる点でもむずかしいといえる。非行の児童生徒は根底に，教師や学校への不満や怒り（もともとは親への不満や怒りの場合が多い）があるため，教師一人で面談すると行きづまることもある。その場合，スクールカウンセラーやほかの教師と役割分担するのも１つの方法である。

　非行面接の特質は，発達課題を軸とした「現実原則」（教示・指示・禁止）に基づきながら，「自己決定の原則」を貫く。つまり，社会のルールとしてダメなものはダメとし，学校への復退学や進路の問題などは最終的には本人がどうするか決めて，その結果に責任をもつ。親や教師はその決定を尊重する。これは本人が被害者意識に逃げ込み他責的になることを防ぐ意味もある。また，積極的な学習支援をすることは授業への参加意欲が高まり，学校での居場所づくりにつながる。早めに進学や就職など進路指導をおこない，将来への見通しをもてることが非行の防止にもなる。暴力に代わる表現方法を獲得するためには，ソーシャルスキル教育などの支援も重要である。　　　　　　　　　　［光延］

**参考文献**　藤岡淳子『非行・犯罪の心理臨床（こころの科学叢書）』日本評論社，2017

## 問題 34　暴力行為にはどう対応すればよいのか

　田嶌 (2014) は,「問題行動の中心にあるのは暴力である。(中略) 暴力への対応または安心・安全の実現こそが, あらゆる問題行動への取組の土台に必要である」と述べている。

　**暴力行為の分類と実態**　文部科学省によると「**暴力行為**」とは,「自校の児童生徒が故意に有形物 (目に見える物理的な力) を加える行為」と定義している。暴力の対象により「**対教師暴力**」(教師に限らず学校職員も含む),「**生徒間暴力**」(何らかの人間関係がある児童生徒同士に限る),「**対人暴力**」(対教師暴力, 生徒間暴力の対象者を除く), 学校の施設・設備などの「**器物破損**」の４形態に分類している。文部科学省の調査では, 暴力行為の形態別にみると, 小・中・高等学校いずれも生徒間暴力が最も多く, 器物損壊, 対教師暴力, 対人暴力が続く。いずれの形態においても中学生が最も多い傾向にある。暴力行為発生率は, 中学校・高等学校がわずかに減少しているものの, 小学校が微増を続けている。

　**暴力行為の背景要因**　家族要因としては, 家庭内の暴力的雰囲気や緊張状態など不適切な養育環境, 学校要因では, いじめや友人関係, 教師の不適切な対応, 学業不振状態などがあげられる。また児童生徒の要因としては, 家族や学校から生じるストレス耐性の欠如, 攻撃性あるいは不満をかかえ込みやすい性格傾向があげられる。当然, これらの要因が複合的に絡み合っていると考える。また, 暴力行為の背景に ADHD (注意欠如多動症) など神経発達症群や被虐待の問題もあることに留意したい。

　**暴力行為が起きた際の対応について**　まずは暴力行為を制止し, 当事者同士を (器物破損の場合はその場から) 引き離し, 興奮状態を落ち着かせる。怪我があった場合には応急処置をし, 場合によっては家族に連絡したうえで医療機関に連れて行く。現場に器物の破損など危険な状況があるときには安全を確保するための処理を優先する。当事者に対しては, 複数の場合には個別に, 落ち着いた環境 (相談室など) で必ず複数の教職員で対応する。興奮状態を落ち着かせ

たうえで，迅速かつ正確な事実確認（いつ，誰が，どのような状況で，誰・何に対して，どの程度暴力をふるったのか）をする。日ごろ信頼関係のある教師が担当するほうが望ましい。当事者同士で事実が食い違う場合には，再度事実確認をおこなうが，状況が曖昧な場合もあり，無理な事実認定を押しつけることはせず，質問をしながら自ら状況を振り返ることができるような面接をする。暴力をふるわれた子どもは，精神的なショックを受けているので，じっくり話を聴き，場合によってはスクールカウンセラーなどにつなげる。

　周囲に当事者以外の児童生徒がいた場合には，教室などにもどり着席するように指示する。事情のわかる者には聞き，ほかの児童生徒に対しては噂や憶測をしないように注意を与え，動揺している場合には気持ちを受容する。事実確認ができた時点で概要をきちんと説明し，学級の状況や時期をみて話し合いの機会をもつ。

　事態によってはPTA役員や保護者に理解や協力を求めることも必要となる。その場合は目的やそのために誰にどのような協力を求めるかを明確にすること，事実は必要なことがらについては正確に伝えるとしても，当事者の名前は伏せるなど人権への配慮をおこなう。

　**暴力行為を防止するために**　緊急時の迅速な対応のためには，日ごろから児童生徒と教職員の信頼関係を築くように努めることが重要である。児童生徒の心の変化に気づき，声をかけたり話を聴く時間を確保する。気になる変化には，一教師がかかえ込むのではなく，学校全体でその子どもを把握，理解し情報を共有することが大切である。また，ストレスマネジメント（問題60参照）やアンガーマネジメント，ソーシャルスキルトレーニング，アサーショントレーニングなどを学級・学年活動に取り入れることは怒りのコントロールやポジティブな行動を学習する機会となる。暴力にさらされない安心・安全な環境づくりは，すべての子どもたちにとっての成長の基盤となることを心にとめたい。

[光延]

**参考文献**　大河内美以『子どもの感情コントロールと心理臨床』日本評論社，2015

# 問題 35 | 性に関する問題と薬物の問題をどのように理解し対応すればよいのか

**性に関する問題**　思春期になると，性ホルモンの分泌が活発になり，第二次性徴が現れて性的欲求が高まり，性の問題が起こりやすくなる。性的欲求は自然で健全だが，性に関することは親や教師など大人は直接教えにくい問題でもある。また性衝動は個人差も大きく，コントロールがむずかしい側面をもつ。

　性的接触（性交など）は望まない妊娠や**性感染症**のリスクを伴う。望まない妊娠により人工妊娠中絶した場合，その後の女性の身体と心にさまざまな影響をもたらす。性感染症には，HIV／エイズ，不妊や子宮外妊娠の原因となるクラジミアや淋病，子宮がんの原因となる尖圭コンジローマなどがある。近年，梅毒感染者が急増し問題視されている。

**性に関する問題の対応**　養護教諭やスクールカウンセラー，本人が信頼する話しやすい同性の教職員が対応することが望ましい。時期をみて，保護者と情報共有をはかり，必要に応じて医療受診につなげる。性情報が氾濫している社会環境のなかで性交渉により起こる妊娠や性感染症のリスクや避妊方法などに関する正確な知識を授業や家庭でも教育していく必要がある。人と人との間には境界線（バウンダリー）があり，同意なく他人の身体に触れてはいけないし，触れさせてもいけないこと，一人ひとりがその人の境界線を尊重される権利をもつ（人権）こと。心理的境界線として，相手には相手の意志や気持ちがあり，お互いに尊重することの重要性を伝えていきたい。

**性非行**　女子高生（JK）と散歩ができるというふれ込みで，実際はカラオケやレストランなどでデートする「JK お散歩」など，未成年による売春の温床になる「JK ビジネス」が横行している。

　また，性被害者の申告率は低いため性非行の実際を知る統計は限られているが，児童生徒が，痴漢行為や露出行為，下着窃盗などの被害にあっていると推測される。とくに，家族や交際相手からの性的虐待，デート DV，リベンジポルノといった性暴行では被害者の衝撃と傷つきは深刻である。

■**対応と性教育**　学校では性非行少年を存在しないものとして黙認しない（不愉快な行為だけにはじき出されやすい）とともに，性非行少年に対して，処分だけでは問題は解決しないという認識が必要である。性非行の背景にある問題を理解し，適切な性教育をおこなうとともに，子どもの自尊心を育むことが望まれる。

　**薬物乱用**　社会規範から逸脱した目的や方法で薬物を使用することである。薬物乱用は，喫煙，飲酒とともに心身の発達途上にある児童生徒にとって健康への深刻な影響を及ぼすため，見逃すことのできない重要な問題である。未成年の喫煙や飲酒は，次のステップとなる薬物乱用への「入門薬（ゲイトウェイドラッグ）」と呼ばれており，より身近である喫煙や飲酒の問題をかかえる児童生徒への指導は，薬物乱用を抑止することにもつながる。

　薬物乱用については，覚せい剤，MDMA（通称，エクスタシー），大麻などのほかに，近年，**危険ドラッグ**と呼ばれる覚醒剤・大麻の成分に化学構造を似せてつくられた物質などが添加された薬物が，警察の目をごまかすために，お香，アロマ，ハーブ，バスソルトなど，一見危険な薬物とは思えないように巧妙に偽装されて販売されている。危険ドラッグ（以前は脱法ドラッグ，合法ドラッグなどとも呼ばれた）は，ほかの薬物と同様に依存性があり，幻覚や意識障害などを引き起こすため，危険ドラッグが原因とみられる事件・事故が多発している。国や自治体は対策を強化してきたが，若者を中心とした危険ドラッグの乱用に歯止めがかからない現状である。児童生徒における薬物乱用の問題点としては，薬物の恐ろしさに対する認識の甘さや「やせ薬」と勧められるなど誤った情報を無防御に信じてしまう，ファッション感覚，他人に迷惑をかけなければ何をやっても個人の自由というまちがった規範意識などが指摘されている。

**薬物の種類**（水谷，2001）

| 抑制系（ダウナー） | アルコール・ヘロイン・睡眠薬・精神安定剤・シンナー・マリファナ・ガス・コデインを含む市販薬など |
|---|---|
| 興奮系（アッパー） | 覚醒剤・コカイン・咳止めシロップ・タバコ・エフェドリンを含む市販薬など |
| 幻覚系（サイケデリック） | LSD・マリファナ・シンナーなど |

**治療と対応** 学校での対応は，予防教育が基本である。薬物が売買されそうな危険な場所には近づかないなど使用のきっかけそのものを避ける，誘われた場合の断り方などを目標とする。また，薬物の怖さは脳に直接作用し，意志とは無関係にさまざまな状態をつくり出すこと，乱用を繰り返すと同じ量では効果が得られなくなる耐性や薬物なしではいられなくなる依存性，止めたあとも苦しみが続く**フラッシュバック**という性質についての知識の伝達と依存してしまう精神面のストレスへの耐性を育てていくことが求められる。

　薬物乱用を繰り返す結果，薬物依存になる。薬物依存を含む物質関連障害の治療は，医療機関や薬物依存症者のリハビリテーション施設ダルクなど，薬物の専門機関でおこなわれる。依存症になると本人は「否認」が強いので，本人が「治療しよう」とする動機を評価し，「なんとかしたい」という気持ちに共感し，今後の具体的な方針（専門機関への紹介）を明確にし，本人が問題を自覚して治療を受ける主体性を引き出すことが大切である。実際，薬物の所持や乱用の問題が起きた場合，警察や精神保健福祉センター，医療機関など関係機関との迅速な連携が必要になる。　　　　　　　　　　　　　　　　　　　　　［光延］

**参考文献** 小西聖子他『性暴力被害者への支援：臨床実践の現場から』誠信書房，2016
松本俊彦『薬物依存とアディクション精神医学』金剛出版，2012

　**子ども虐待**　児童相談所で受けた**虐待**の相談対応件数は，毎年増加の一途をたどり，2016（平成28）年度には12万件を超えて過去最多を更新した。その背景には，警察からの通告の増加，マスコミによる事件報道の影響，学校や地域の児童虐待に対する意識の高まりが考えられる。

　虐待は，子どもの健やかな発達を妨げるばかりか，子どもの心身を深く傷つけ，後々まで大きな影響を及ぼす。教師は，子どもの人権を守り，保護する立場にあり，虐待について深く理解する必要がある。

　虐待には，次の4種類がある。①**身体的虐待**とは，殴る，蹴る，おぼれさせる，異物を飲ませる，戸外に出すなどの行為をさす。身体に外傷が生じるおそれのある暴行も含み，外傷がある必要はない。②**性的虐待**は，性的行為の強要，性器や性交を見せる，ポルノグラフィの被写体にするなどをさす。③**ネグレクト**は，保護者としての監護を著しく怠ることであり，家に閉じ込める，病気やけがをしても病院に連れて行かない，適切な食事を与えない，風呂に入れないなど不潔なままにする，自動車内に置き去りにするなどがあげられる。④**心理的虐待**は，言葉による暴言や脅し，無視，きょうだい間の差別的な扱いなどをさす。

　**虐待が子どもに与える影響**　発育や発達の遅れ，身体症状，情緒不安定，感情抑制，強い攻撃性などの精神症状に加え，脳画像診断により，虐待が発達する子どもの脳機能と神経構造にさまざまなダメージを与えることがわかってきている（友田，2013）。成長してからは自殺願望や，アルコール・薬物依存がみられることもあり，その影響は深刻かつ長期にわたる。

　**虐待の要因**　①親の要因（経済面での生活基盤の弱さ，子育ての悩みや育児以外のさまざまなストレス，親自身が虐待を受けて育ったこと，望まない妊娠など親になる準備態勢ができていない，保護者自身の成熟や精神疾患・発達障害などの問題など），②子どもの要因（出生前後のさまざまな疾患や障害の存在，容貌など外見的特徴，性別，

親に対する態度や相性など），③家族の要因（家庭の不和，夫婦関係・夫婦役割と親役割のバランスの崩れ，子どもとの関係性の不調，地域社会からの孤立）などが複合的に関係してくると考えられる。親自身にさまざまなストレスや葛藤があるため，親を非難するだけでなく，家族全体を支援していく取り組みが大切である。

**虐待の深刻さ（重症度）**　親が虐待をしているのではないか，虐待してしまうのではないかと悩んでいる状態から，子どもの死亡に至る場合まで虐待の程度はさまざまで，虐待行為が一時的な場合もあれば継続している場合もある。虐待の深刻さ（重症度）の把握は，緊急性の判断を含め，対応を考えるうえで重要である。

**■対応**　「児童虐待の防止等に関する法律（通称，**児童虐待防止法**）」には，児童虐待を早期に発見し，対応することの重要性が明記されている。学校の教職員は，虐待を発見した場合は児童相談所へ通告することが義務づけられている。子どもの生活の様子を常に把握し，虐待などの徴候に留意するためには日ごろの観察が重要である。虐待が疑われる子どもがいたら，校長・教頭，学年主任，養護教諭，スクールカウンセラー，スクールソーシャルワーカーなどに相談する。子どもからの聞き取りは，誰が聞くか，質問方法，聞き取り場所，聞き取りのタイミングなど，事前に検討する。その際，子どもの言葉を受容的に受けとめ，子どもから聞き取った内容は記録して保存する。家庭訪問において保護者が拒否的な態度を示す場合には無理をせず，保護者の話を聴く。一方的な指導や助言は禁忌である。子ども家庭支援センター，教育相談センターや精神保健福祉センター，児童相談所などの専門機関に連絡し相談することが必要である。

児童相談所では，子どもの命と安全の危険性が高いときは一時保護などをおこなう。親権者の同意が得られなくても，家庭裁判所の承認により子どもの児童養護施設への入所は可能である。

**子どもの貧困**　「子どもの貧困対策法」（正式名称，子どもの貧困対策の推進に関する法律：2014施行）では，「子どもの将来がその生まれ育った環境によって左右されることのない社会を実現することを旨」とする基本理念が記されている。

子どもの貧困の背景には，離婚などによるひとり親世帯の増加に加え，政府

が規制緩和を進める中で，企業が正社員を減らし，賃金の低い非正規労働者を増やしてきたことが貧困率を上げていると考えられる。

貧困の影響は，小中学校での給食や学用品，修学旅行などの費用を自治体が負担する**就学援助**を受ける子どもの増加や医療費が払えないために受診を控えるな

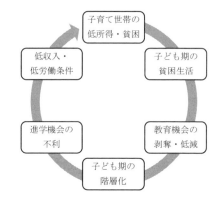

**図3 子どもの貧困の再生産サイクル** (浅井，2017 より引用)

ど子どもの健康に及んでいる。また，食生活や栄養に偏りがあることも明らかになり，経済的理由から十分な食事をとれない子どもに食事を提供する「**子ども食堂**」が社会運動として認知されてきた。学業では塾に通えないなど学習面も不利な状況におかれ，学力が身につかずに高校中退に至ったり，大学進学を諦める子どもが多くいる。貧困世帯で育つ子どもたちが成人しても経済的に困窮する「**貧困の連鎖**」を生むおそれがある (図3)。なお，私立学校に関しても，親の突然のリストラや病気，離婚などから貧困に陥る児童生徒もいる。子どもは友人や教師に自分の状況を気づかれないようにふるまうことが多いことにも留意したい。

子どもの貧困問題は，人格形成にも影響を及ぼす。親の失業は経済的貧困とともに社会的孤立のリスクをともなう。そのような貧困の実態が，自分の存在や価値を肯定的に受け入れられないというネガティブなアイデンティティ形成と，貧困を乗り越えていこうとするポジティブな方向性との間で拮抗する心性がとくに思春期・青年期では顕著であることを教師は心にとめたい。　　[光延]

**参考文献** 阿部彩『子どもの貧困Ⅱ—解決策を考える』岩波書店，2014
　　　　千賀則史『子ども虐待—家族再統合に向けた心理的支援児童相談所の現場実践からのモデル構築』明石書店，2017

**問題 37** 子どもの自殺を防ぐために必要な視点と学校で必要な予防教育とは何か

**子どもの自殺の実態**　わが国の自殺者数は 1998（平成 10）年以降，14 年連続で 3 万人を超えていたが，2012（平成 24）年に 15 年ぶりに 3 万人を下回って以来，事態は改善している。ところが，10 代 20 代など若年層の自殺死亡率は減少しておらず，また，15 ～ 34 歳の若い世代で死因の第 1 位が自殺となっており，その死亡率も他国に比べ高いものになっているなど，深刻な状況にある。2015（平成 27）年度の学年別児童生徒の自殺の状況は図に示したとおりであり，自殺した児童生徒がおかれていた状況では，中学生では「友人関係の悩み」「いじめの問題」「父母等の叱責」「学業等不振」「えん世」が，高校生では「進路問題」「家庭不和」「精神障害」が多い。

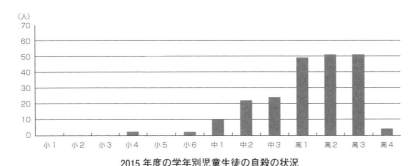

**2015 年度の学年別児童生徒の自殺の状況**
（http://www.mext.go.jp/b_menu/houdou/28/10/__icsFiles/afieldfile/2016/10/27/1378692_001.pdf）

**自殺についての正しい理解**　一般的に，「死ぬ死ぬという人は自殺しない」「自殺の危険度が高い人は死ぬ覚悟が確固としている」「未遂に終わった人は死ぬ覚悟などなかった」「自殺について話をすることは危険だ」「自殺は突然起き，予測は不可能である」などといわれるが，これらはすべて誤解である。つらさが重なり自殺を考えると，強い孤立感（誰もわかってくれない），無価値観（自分なんかいないほうがいい），強い怒り（つらい状況，他者や自分への怒り），心理的視

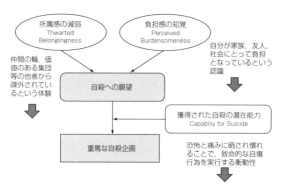

**自殺の対人関係理論**（Joiner, 2009 を改変）

野狭窄（解決方法がわからない），絶望感（苦しみが永遠に続く）などの心理状態となる。「死にたい」と誰かに告げることは「死にたいくらいつらい。しかし，そのつらさが少しでも和らぐのであれば，本当は生きたい」のである。ジョイナー（Joiner, 2011）は，獲得された自殺潜在能力（自殺願望を行動に移すには，死に対する恐怖感が減弱したり，自分の身体を傷つけることに慣れたり，身体的疼痛に対して鈍感になるなど一種の準備状態が必要であり，そうした能力をさす）は，自殺行動を起こしやすい心理状態を準備し，その状態に，所属感の減弱や負担感の知覚によって生じた自殺が合流したときに，切迫した自殺の危険を呈するという「自殺の対人関係理論」を提唱した（図）。

**自殺を防ぐために**　対人関係理論は，3つの要素を改善することが自殺を防ぐための方向性を示唆している。つまり，自殺の実行にかかわる衝動性へのコントロールを身につけるためには，ストレス対処のための予防教育や自己への気づき，つまり「悲しい」「悔しい」「うれしい」など自分の気持ちに気づくことの促進である。つぎに，対人関係の負担感を緩和する「自分も友だちにできることがある」という実感を得るためには，援助要請（困ったときには誰かに相談する力）の促進や居場所つくり，児童生徒・教職員が互いに助け合うマインドを醸成することである。最後に，所属感を醸成するために「つらいときには助けてもらえる」という期待感をもつことができるよう，児童生徒・教職員のつながりづくりや対人関係スキルの向上をめざす。

また，自殺を防ぐためには，失敗しても立ち直るスキルと，立ち直ることができるという有能感を経験することが大切であり，それらを段階的に学習していく。①否定的感情に身を任せ衝動的に行動するかわりに，自分の内的状況を客観視すること，②対処行動，③相談の仕方，④対処困難な状況での判断を順に学ぶ。次の段階では，対人相互交渉，つまり児童生徒と教師，あるいは児童生徒同士が安心・信頼できる関係のなかで，自分の内的状況について気づきを得る。そうした二者関係から三者関係，児童生徒同士の相談で解決が困難な状況で，信頼できる人に相談できるスキルと心性を育む。たとえば，子ども同士のなかで「死にたい」気持ちを伝えたときに，得てして発達段階特有の同調性ゆえに「誰にも言わないで」と秘密を共有しがちである。その際，信頼できる大人に相談するという選択肢がもてることが望ましい（川野，2015）。

**児童生徒に「死にたい」と打ち明けられたときの対応**　重要なのは，児童生徒の訴えに真摯に耳を傾け，誠実な態度で子どもの感情を理解するように努めることである。話をそらしたり，批判的な態度をとる，あるいは世間の常識を押しつけたりすることは絶対に避けなければならない。教師は，すぐに何らかの助言を与えようとしたり，安易な励ましをしがちであるが，それらは禁忌の対応である。黙り込んでいる子どもには，一緒に沈黙の時間を過ごす。また，自殺について話すことは危険ではなく，むしろ，いつから，どのように死ぬか考えているか，そのために何か準備をしているか（計画性の評価）を聞くことが重要である。教師自身が安心するために「死ぬ危険はない」と判断せずに，同僚教師やスクールカウンセラー，養護教諭と共有し，場合によっては保護者にも連絡する。松本（2016）は自殺予防教育について「必要なのは道徳教育ではない。『つらい気持ちに襲われたとき，どうやって助けを求めたらいいか』『友だちが悩んでいたら，どうやって信頼できる大人につなげたらいいか』『信頼できる大人はどこにいるか』を教えること。つまり健康教育なのだ」と論じている。

[岩田淳]

**参考文献**　松本俊彦『もしも「死にたい」と言われたら』中外医学社，2015
シェリル.A.キング他／高橋祥友監訳『十代の自殺の危険』金剛出版，2016

インターネットにかかわる問題をどのように理解し対応すれば
よいのか

**ネット（インターネット）依存**　スマートフォン（以下，スマホ）やタブレット端末などの機器類の進化や，サービス内容の発展はめざましく，今や勉強にも，生活にもインターネット（以下，ネット）はなくてならないツールとなっている。「子供のインターネット接続機器の利用状況」（総務省，平成28年度）調査によると，学校種が上がるほどインターネット接続機器の利用が多くなり，小学生では 87.3%，中学生では 92.2%，高校生では 98.0% がスマホや携帯ゲーム機，タブレットなどいずれかの機器を利用している。一方で，ネットゲームに高額な金銭を投じたり，SNS や動画の視聴で睡眠時間が減少したり，毎日起きている時間のほとんどをネットに費やす「**ネット依存**」が問題になっている（表1）。ネット依存の中心症状は，その行動に対するとらわれと，行動のコントロール障害である。ネットやスマホ利用の低年齢化に伴い，ネット依存の年齢が低下していること，親がネット依存のためネグレクトの被害にあう子どもがいるなど社会問題化している。

　どのような状態がネット依存なのか。ネット依存の基準として，厚生労働省などの調査ではヤングの提案した「8項目基準」（表2）が用いられている。

　デジタル機器の普及は，「出会い系サイト」や「デジタルタトゥー」など子どもたちがネット上での犯罪やトラブルに巻き込まれるリスクも高めた。知ら

**表1　ネット依存に伴う問題**（三原・樋口，2015）

| 身　体 | 体力低下，運動不足，骨密度低下，栄養の偏り，低栄養状態，肥満，視力低下，腰痛，エコノミークラス症候群など |
| --- | --- |
| 精　神 | 睡眠障害，昼夜逆転，ひきこもり，意欲低下，　　うつ状態，希死念慮，自殺企図など |
| 学業・仕事 | 遅刻，欠席，授業/勤務中の居眠り，成績低下，留年，退学，勤務中の過剰なネット使用，解雇など |
| 経　済 | 浪費，多額の借金など |
| 家族・対人関係 | 家庭内の暴言・暴力，親子の関係悪化，浮気，離婚，育児放棄，子どもへの悪影響，友人関係の悪化，友人の喪失など |

表2　ヤングのネット依存チェック項目（橋元，2015引用）

■8項目のうち，5項目以上該当すれば「依存傾向」

1. あなたはネットに夢中ですか？
2. 満足感を得るために，もっと長くネットを利用したいですか？
3. ネットの利用を抑えたり，やめようとしたりして失敗したことが何度もありますか？
4. ネットの利用をやめようとして，落ち着かなくなったり，落ち込んだりしますか？
5. 始めたときの予定より，長い時間ネットにアクセスしますか？
6. ネットが原因で，仕事や学校での大切な人間関係を壊したことがありますか？
7. 家族や先生に，ネットの利用について嘘をついたことがありますか？
8. 現実問題から逃避したり，憂うつなどの不快感情を和らげたりする目的でネットを利用しますか？

ない間に「不正アクセス禁止法」など法に抵触して補導されたケースもある。また，LINEなどSNSによるいじめ，「リベンジポルノ」など親しい人間関係でのトラブルと生活にさまざまな影響を及ぼしている。児童生徒にはネットには便利さとともにリスクが伴うことを教えるネットリテラシー教育が求められている。

■**対応**　ネット依存または依存傾向に陥るには何かの背景がある。たとえば，学校の不満や友だちからの孤立などの話を大人が聴くことで子どもは精神的に安定し，ネットに依存しなくてすむことも多い。家族との会話や交流の時間が多いほど，まわりのサポートが得られやすい環境ほど，依存者が少ないという分析結果がある。また子どもに生活目標があることも大切である。治療が必要な場合には，久里浜医療センターなどネット依存症の治療専門機関もある。

［光延］

**参考文献**　総務省「青少年のインターネット利用と依存傾向に関する調査結果報告書」2013
　　　→ウェブページURLは巻末の引用文献を参照

多様な生徒への対応（外国にルーツをもつ子どもたち，子ども
の性的マイノリティ）

　**日本語指導が必要な子どもたち**　グローバル化の流れは，学校や地域の多文
化・多様化をもたらし，学校現場での支援の広がりとともに新たな支援の必要
性に直面している。日本の公立学校に在籍し，日本語指導が必要な外国籍の児
童生徒数は 3 万 4335 人，日本語指導が必要な日本国籍の児童生徒数は 9612
人で，いずれも前回調査より増加している。「日本語指導が必要な児童生徒
数」とは，「日本語で日常会話が十分にできない児童生徒」および「日常会話
ができても，学年相当の学習言語が不足し，学習活動への参加に支障が生じて
おり，日本語指導が必要な児童生徒」をさす。また，日本語指導が必要な外国
籍の児童生徒の母国語としては，ポルトガル語が 25.6%，次に中国語 23.9%，
フィリピノ語 18.3%，スペイン語 10.5% であり，これら 4 言語で全体の 8 割弱
を占めている。

　このような状況のなかで，教育面では母国語が日本語以外の児童生徒はもと
より，日常生活で一見流暢に日本語を話していても，授業についていけない
ケースも多く，「国語」教科とは別の，教科教育のための「日本語」指導と育
成が課題となった。日本語指導と教科指導を統合し，学習活動に参加するため
の能力育成をめざした「JSL（Japanese as a second language）」カリキュラムを開
発したが学校現場での普及は十分ではなく，日本語指導に関する指導教材や指
導法の開発が行政にとっても課題となっている。

　学校生活面では，外国の学校によっては習慣がない給食，掃除，靴の履き替
えなどの日本の学校のルールや習慣を教えることで日本の学校への適応の促進
をめざす。母国では就学義務がなかったための不就学や滞在の長期化による，
高校への進学希望者の増加による入試の選抜方法や高校進学後の学習の支援の
必要性など課題は広がりをみせている。

　今後，学校では異文化理解や多文化共生という視点が重要になる。外国に
ルーツをもつ子どもと日本ルーツの子ども双方に，外国や異文化に対する正し

い知識をもち，異なる立場・視点に立てばちがう見方があるという体験や異なるルーツや言語・文化とかかわることで生じる葛藤や対立をのりこえて，関係を再構築する経験からちがいを認め合うこと，差異を受容する力が育成される。グローバル化に向けた真の人材育成が求められている。

　**子どもの性的マイノリティなどについての問題**　学校活動では制服や名簿，行事など日常的に性別の区別が使われている。自分の性別に違和感をもち，典型的な性的な発達経路をたどらない**性的マイノリティ**と呼ばれる子どもたちの存在が認められるようになってきた。

　「性同一性障害や性的指向・性自認に係る児童生徒に対するきめ細かな対応等の実施について」（文部科学省，2015）では，学校における支援体制の構築，医療機関との連携，学校生活の各場面での支援，卒業証明書等の配慮，教育委員会としての支援とともに，具体的な支援事例の項目を示した（表）。教職員向けの周知資料もウェブサイトで公開されている（文部科学省，2016）。

　支援や対応に向け必要となるＬＧＢＴやセクシュアル・マイノリティの概念や定義について整理しておく。LGBT などについて考える際には，性別を，①**身体的性別**（からだの性別），②**性同一性**（こころの性別），③**性指向**（性的関心を感じる対象の性別），④**性表現**（服装や行動など）の４種類に分けて考える必要がある。このうち，③性指向についてのマイノリティは LGB すなわちレズビアン・ゲイ・バイセクシュアル（同性愛者・両性愛者）である。②性同一性についてマイノリティが T すなわち性同一性障害やトランスジェンダーであり，これらを総称して LGBT と呼ぶようになった。また，「**性同一性**（**性自認**とも呼ばれる）」とは，性についての同一性，つまり場所が変わっても時間がたっても，安定して自分は男（または女，またはそれ以外の性別）であるという感覚のことである。性同一性障害（性別違和）は，精神科領域の診断名で，身体的性別と性同一性が食いちがうことで，本人が苦しんだり，生活上の支障が生じている状態のことである。

　■**対応**　子どもの性同一性障害（性別違和）の特性と対応の留意点をあげる（石丸，2017）。①子どもの性同一性障害は，ほかの性別の行動としてあらわれるものが多い。たとえば，ほかの性別の服装を着たがる（スカートを拒否し，ズ

**性同一性障害に係る児童生徒に対する学校における支援の事例**（文部科学省, 2015）

| 項　　目 | 学校における支援の事例 |
|---|---|
| 服　　装 | 自認する性別の制服・衣服や，体操着の着用を認める。 |
| 髪　　型 | 標準より長い髪型を一定の範囲で認める（戸籍上男性）。 |
| 更衣室 | 保健室・多目的トイレ等の利用を認める。 |
| トイレ | 職員トイレ・多目的トイレの利用を認める。 |
| 呼称の工夫 | 校内文書（通知表を含む。）を児童生徒が希望する呼称で記す。<br>自認する性別として名簿上扱う。 |
| 授　　業 | 体育又は保健体育において別メニューを設定する。 |
| 水　　泳 | 上半身が隠れる水着の着用を認める（戸籍上男性）。<br>補習として別日に実施，又はレポート提出で代替する。 |
| 運動部の活動 | 自認する性別に係る活動への参加を認める。 |
| 修学旅行等 | 1人部屋の使用を認める。入浴時間をずらす。 |

ボンをはくなど），ほかの性別のおもちゃ（人形など）を好む，ほかの性別の小便の仕方をする（立小便を試みるなど）など。②子どもの場合，性同一性（性自認）が揺れ動き変化することが多い。そのため成人になると身体違和がなくなる場合も少なくない。性別違和感のありそうな子どもに対して，完全に女子（男子）として扱うことは，子どもの性同一性の発達を過剰に誘導することになりかねない。誰もがアイデンティティを模索していくように，本人の性同一性の模索や試行錯誤を妨げないよう見守る姿勢が大切である。③思春期以降，性別違和に気づく場合には本人のみならず，家族の混乱と苦悩はより強くなると予想される。家族の想いと本人の希望をよく聞くと同時に，教師，養護教諭，スクールカウンセラー，外部の精神科医などのチームで方針を検討する必要がある。

　子どもの性的マイノリティへの対応は簡単ではないが，性別の多様性によるトラブルが起きない学校風土の醸成と，制度の見直しを含めた柔軟な対応や支援が求められる。　　　　　　　　　　　　　　　　　　　　　　　　　　　［光延］

**参考文献**　宮島喬『外国人の子どもの教育―就学の現状と教育を受ける権利』東京大学出版会，2014

遠藤まめた『先生と親のためのLGBTガイド』合同出版，2016

# 問題 40 中途退学の問題をどのように理解し対応すればよいのか

**中途退学**とは，卒業や修了を待たずに，年度途中に学校をやめることであり，病気や経済事情などの理由で自主退学する場合と犯罪や非行などの理由で懲戒処分を受けて強制的に退学させる懲戒退学がある。高等学校の中途退学をめぐる問題について述べる。

「児童生徒の問題行動等生徒指導上の諸問題に関する調査（文部科学省）」の「高等学校の中途退学者数の推移」によると，平成 27 年度の高等学校の中途退学者数は約 4 万 9000 人（中途退学者の割合は 1.40%）である。高等学校の中途退学者数は減少傾向にあるものの，なお相当数にのぼっている。進路が不明確なまま中途退学となった場合，ニート，フリーター，引きこもりなどに陥りやすいといわれている。なお，不登校生徒数は約 4 万 9600 人（不登校生徒の割合は 1.49%）であり，高等学校の不登校は中途退学につながりやすいため支援を要する。

中途退学の理由は，学業不振や家庭の事情によるものというより，いじめや友人関係をめぐる人間関係など，学校生活上の問題や学業に対する不適応から退学する事例が相当数ある。単位制を除く中途退学者数を学年別にみると，高校 1 年生が最も多く，学年が上がるにつれ減少する（図）。そのため，高等学校という新しい環境に入学した高校 1 年生に対する学校生活と学業面の適応支援がとくに重要となる。

義務教育を終えた高等学校の場合，諸般の事情で退学を望む生徒には，退学後の進路を具体化する進路指導が重要である。どう生きるか，どう自立するかを念頭に，居場所を失うことがないよう，親身な進路相談が望まれる。

■**対応** 文部科学省が実施している高等学校卒業程度認定試験（一般には高認）に関する情報提供や，他校への進学を希望する場合には，他校との連携のもと，生徒と保護者と相談のうえ，他校へ紹介する。金銭面の問題では，日本学生支援機構の奨学金のほか，地方自治体，国や公共の機関・民間の団体，学

**学年別中途退学者数（国公私立高校）**
（文部科学省「平成27年度児童生徒の問題行動等生徒指導上の諸問題に関する調査」）

校独自の奨学金などの進学支援制度の情報提供を必要に応じておこなう。

　就職を希望する場合は，中途退学者の正規就労がむずかしい可能性が高いことを説明し，**地域若者サポートステーション**や**ハローワーク**などを紹介する。地域若者サポートステーションでは，働くことに悩みをかかえている 15 ～ 39 歳までの若者に対し，**キャリア・コンサルタント**などによる専門的な相談，コミュニケーション訓練などによるステップアップ，協力企業への就労体験など，就労に向けた支援をおこなっている。学校教育から地域若者サポートステーションへと円滑に誘導し，切れ目のない支援を通じて早期の自立・進路決定を促すことが大切である。

　高等学校の年齢は，精神医学的問題（問題53参照）が生じやすい時期でもある。精神疾患をもつ場合，発達障害やその疑いがある生徒には，教師とスクールカウンセラーや養護教諭，必要に応じて外部の専門機関とも連携して中途退学に至らないような支援が望まれる。　　　　　　　　　　　　　　　［光延］

**参考文献**　杉浦孝宣『高校中退』宝島社，2014

## 問題 41　学校の危機についてどのように理解し対応すればよいか

**学校安全と危機管理**　子どもたちを巻き込んだ事件や事故に関する報道をたびたび耳にするように学校生活を含む日常生活はさまざまな危険と隣接している。事件・事故を未然に防止するための発生前の対応は**リスク・マネージメント**と呼ばれ安全管理や安全教育が該当し，事件・事故発生後の対応は**クライシス・マネジメント**と呼ばれる。後者は狭義の危機管理だが，学校危機管理においては，リスク・マネージメントも含む広義の危機管理でとらえるのが一般的である（渡邊，2008）。

**危機状態とは**　米国の精神保健学者カプランによると，危機を「一時的に，個人のいつもの問題解決手段では解決ないし，逃れるのが困難な，重大な問題を伴った危険な事態へ直面した，個人の精神的混乱状態」としている。つまり，通常平衡を保っていたこころの状態を揺さぶられるような事態であり，児童生徒，教職員，保護者の多くが危機状態に陥ると学校コミュニティ自体が混乱し，平常の果たされるべき学校教育機能が発揮できない状態になる。

**危機をもたらす出来事**　上地（2003）は，学校危機を個人レベル，学校レベル，地域社会レベルの3段階に分類し説明している（表1）。人格の発達途上の児童・生徒を教育する学校現場では，個人レベルの危機に遭遇することは珍しい出来事ではなく，むしろ日常的であると考えられる。危機状態が特定の個人に限られ，その深刻さの程度が一定範囲にとどまっているかぎり学校内での対応は可能であり，必要に応じて適切な外部の専門家・機関との連携も可能である。また，個人・学校・地域社会レベルと危機が及ぶ範囲が広がるに従い学校

表1　学校危機のレベル（上地，2004 をもとに一部改変）

| 個人レベルの危機 | 不登校，家出，虐待，性的被害，家庭崩壊，自殺企図，病気など |
| --- | --- |
| 学校レベルの危機 | いじめ，学級崩壊，校内暴力，校内事故，薬物乱用，食中毒，教職員のバーンアウト（燃え尽き）など |
| 地域レベルの危機 | 殺傷事件，自然災害，火災，公害，誘拐・脅迫事件，窃盗・暴力事件，IT被害，教師の不祥事など |

コミュニティ機能そのものが阻害されるため，外部支援を含めた組織的な対応が必要とされる（窪田，2005）。

**危機に対する反応**　危機は精神的混乱を引き起こし強い恐怖や喪失が生じた結果，児童生徒の心や身体，行動に一時的にストレス反応（表2）があらわれる。このような心身の変調は一時的・一般的によく起きる反応であり，安心感を取り戻せば回復することが多い。また学校レベルでの反応として，人間関係の対立（事件・事故の責任転嫁など）や情報の混乱（伝達ルートの混乱やまちがった情報の伝播），問題解決システムの機能不全（緊急事態での即時の判断と決定，遂行ができない）などが生じる可能性がある。

**緊急支援プログラム**　窪田（2005）によると，緊急支援プログラムは，児童生徒，教職員，保護者を対象に以下の内容を，できるだけ早い段階で実施することが望ましいとされる。①事件・事故についての正確な情報を提供する，②危機的な出来事を体験した際のストレス反応と対処方法についての知識とスキルを提供する（心理教育），③事件・事故についての各自の体験をありのままに表現する機会を保証する。危機対応の成否を決めるのは，いかにすばやく緊急支援体制を整備して支援にあたることができるかである。　　　　　　　　［光延］

表2　災害，事件・事故後にみられる心理面，身体面，行動面の反応（瀧野，2012）

| 心理面 | 身体面 | 行動面 |
| --- | --- | --- |
| 不安，集中できない，苛々する，何も考えられない，何も考えられない，何もしたくない，悲しみも楽しみも感じられない，自分はだめな子だと落ち込む，災害や事件・事故の光景が頭に浮かぶ | 頭痛，腹痛下痢，便秘吐き気，じんましん，食欲低下，不眠・悪夢 | そわそわしてじっとしていられない，災害，事件・事故を思い起こさせるものを避ける，小さな物音にも驚く，おびえる，赤ちゃんがえり，おねしょ，指しゃぶり，災害，事件・事故をまねた遊び，これまで一人でできていたことができなくなった |

文部科学省『学校の危機管理マニュアル』2002

福岡臨床心理士会／窪田由紀編『学校コミュニテイへの緊急支援の手引き（第2版）』金剛出版，2017

## 問題42　インクルーシブ教育システムと合理的配慮とは何か

**障害者の権利に関する条約とインクルーシブ教育システム**　2014年1月，わが国は「**障害者の権利に関する条約**」（以下，**障害者権利条約**）を批准した。この条約は，「障害者の人権と基本的自由の共有を確保し，障害者の固有の尊厳の尊重を促進することを目的」として，「障害者の権利の実現のための措置等を規定」している。第24条で教育について「障害者が精神的・身体的な能力等を可能な最大限度まで発達させ，自由な社会に効果的に参加することを可能とすること等を目的」として，「障害者を包容するあらゆる段階の教育制度や生涯学習を確保すること」，個々の障害者にとって必要な「**合理的配慮**」を提供することを定めている。

　条約の批准に向けた障害者制度改革のなかで，初等・中等教育においても検討がなされ，**共生社会の形成**をめざす**インクルーシブ教育システム**を構築するために特別支援教育を推進する取り組みが進められている。

　インクルーシブ教育システムでは，障害のある子どもと障害のない子どもが，授業内容がわかり学習活動に参加している実感・達成感をもちながら，充実した時間を過ごしつつ，生きていく力を身につけることが重要である。そのためには教育的ニーズのある子どもに対して，その時点で最も的確に指導が提供できる，連続性のある「多様な学びの場」を用意することが必要である（中央教育審議会初等中等教育分科会「共生社会の形成に向けたインクルーシブ教育システム構築のための特別支援教育の推進（報告）」（2012年，以下，「報告」）。

　**障害者差別解消法**　**障害を理由とする差別の解消の推進に関する法律**（以下，**障害者差別解消法**）は，一連の障害者制度改革のなかで2016年に施行され，障害を理由とした**不当な差別的取扱いの禁止**と，**合理的配慮の提供**が義務化された（行政機関すなわち国公立学校は法的義務，事業所すなわち私立学校は努力義務）。

障害者とは，**身体障害**，**知的障害**，**精神障害**（発達障害を含む），そのほかの心身の機能の障害がある者で，障害および**社会的障壁**により継続的に日常生活または社会生活に相当な制限を受ける状態にあるものと定義されている。社会的障壁とは，障害のある人にとって，日常生活や社会生活を送るうえで障壁となるもので，たとえば，①施設，設備，情報の障壁，②利用しにくい制度など，③障害のある人の存在を意識していない慣習，文化など，④障害のある人への偏見である。これまで障害はその人の個人のなかにある身体の欠損や機能の障害と考えてきた（医学モデル）が，現在は個人の障害特性と環境との折り合いの悪さ（**社会モデル**）としてとらえる障害観が国際スタンダードであることを教師は理解しておかなければならない。

　不当な差別的取扱いの具体例としては，障害を理由に学校への入学を拒否する，式典などに参加することを拒むことなどがあげられる。合理的配慮の提供の具体例としては，高い所にある図書を渡す，聴覚過敏の児童生徒らのために教室の机・椅子の脚に緩衝材を付けて雑音を軽減するなどがあげられる。

　障害者差別解消法を現実的かつ実効性のあるものとするために「文部科学省所管事業分野における障害を理由とする差別の解消の推進に関する対応指針」が公表され，「学校教育分野」においても，合理的配慮，相談体制の整備，啓発・研修に関する留意点が記載されている。その内容は「報告」をふまえた対応が適当とされている。

　**合理的配慮**　「障害のある者が他の者と平等に教育を受ける権利を共有，行使することを確保するために，必要かつ適当な変更調整を行うこと」であり「障害がある児童生徒に対し個別的に必要とされるもの」かつ「体制面や財政面において，均衡を失した，または過度の負担を科さないもの」と定義される。

　日本語の「配慮」は，気遣や心配り，何かをしてあげるというニュアンスがあるが，合理的配慮は，法律用語であり，変更，調整であることに留意したい。

[岩田淳]

**参考文献**　独立行政法人国立特別支援教育総合研究所『特別支援教育の基礎・基本［新訂版］』ジアーズ教育新社，2017

## 問題 43 　神経発達症群（発達障害）とは何か

　多くの**発達障害**のある（診断・未診断にかかわらず）児童生徒が学校に在籍し，学習の場に参加している。発達障害は，国際的診断基準であるアメリカ精神医学会が作成する **DSM**（Diagnostic and Statistical Manual of Mental Disorders）の正式診断名では**神経発達症群**である。世界保健機構による **ICD**（International Statistical Classification of Diseases and Related Health Problems）の新版も同様の診断名となる予定であるが，本書では一般的に広く知られている「発達障害」と表記し，各障害種については，DSM の表記とする。

　**発達障害への理解の基本**　「発達障害」は，脳の**中枢神経障害**による独特の認知スタイルや脳機能の脆弱性など生来性の**インペアメント**（機能障害）であることが医学的に了解されている。しかし，脳波測定や脳画像検査で確定診断ができるには至っていない。**発達期**（乳幼児期から高校生くらいまで）に特性が顕在化し，特性自体は一生続く。病気というより「脳のタイプ」ととらえることもできる。したがって，本人の性格や親の育て方，心理的ストレスに起因するものではない。発達障害は特性の現れ方のちがいが非常に幅広く，主観的な経験についての個人差も大きい。見た目にはわからず周囲からも気づかれにくいことや，いわゆる正常との境目も曖昧であるという要因からも，誤解されたり理解されづらい。

　「発達障害」は診断名ではなく，大きく３つの障害種，すなわち，**自閉スペクトラム症**（Autism Spectrum Disorder：ASD），**注意欠如多動症**（Attention-Deficit/Hyperactivity Disorder：ADHD），**限局性学習症**（Specific Learning Disorder：SLD）の総称である。３種は重複することもある（図）。

　**発達段階や環境による特性の現れ方と２次障害**　発達段階においては，ADHD は年長くらいから小学校低学年あたりで指摘されることが多い。落ち着きがない，教室で座っていられないなどの問題である。SLD はその名のとおり学習上の問題であるため，小学校入学後に気づかれることが多い。英語学

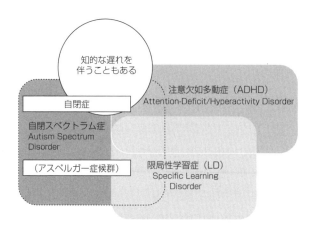

**発達障害**（厚生労働省「発達障害の理解のために」を改変）

習の開始が発見の契機になることもある。自閉スペクトラム症については，言葉の遅れや育てづらさなどにより，3歳児健診までに発見される場合もあるが，友人関係のトラブルが起きやすい小学校高学年から中学生で特性が顕在化する事例も少なくない。精神科医による医学的診断は，発達途上である児童生徒の発達段階では確定診断に至らない場合も少なくないし，診断名が変化することもある。いっぽう，**乳幼児健康診断**で，軽い発達の遅れを指摘されたり，母親が心配していたとしても「様子をみる」うちに，特性が気にならなくなったり，行事やクラス替え，あるいは教師との相性の問題で，特性が強く出現することもある。

　とくに留意したいのは，**2次障害**である。発達特性に不適切な教育指導や家庭での不適切なしつけ，いじめなどにより，不登校や精神医学的症状の発症，非行などが生じやすい。医学的診断につなげる支援に終始するのではなく，特性を想定できる場合に**特別支援教育**の知恵を援用して，児童生徒への指導や支援をおこなうことが重要である（問題45参照）。　　　　　　　　　　　　［岩田淳］

**参考文献** 市川宏伸監修『発達障害の「本当の理解」とは〜医学，心理，教育，当事者，それぞれの視点〜』金子書房，2014

# 問題 44

## 自閉スペクトラム症を適切に理解し支援にいかしたい

　**ウィングの三つ組**　イギリスの児童精神科医**ローナ・ウィング**（Wing, L.）が提唱した「**三つ組**（社会性の特性・社会的コミュニケーションの特性・社会的イマジネーションの特性）」の視点が役立つ。ウィングは図に示した３つの特徴がみられるとき「**自閉症スペクトラム**（自閉症連続体）」であると考え，適した対応を検討することができると考えた。なお，医学的診断名としての「自閉スペクトラム症」では，三つ組（国際的診断基準とはやや異なる）のほかに，感覚刺激に対する独特な反応（痛み／熱さ／冷たさに対する無反応，特定の音や感触に対する拒絶反応，過度に物の匂いを嗅いだり，触ったりすることなど）が含まれている。また，**不注意症状**が並存していることも多い。重要なのは，三つ組を否定的（ダメなこと，困ったこと，劣っていることなど）にばかりとらえない発想である。ものおじせずに意見できる，生真面目，好きなことに入れ込んで学ぶことができるなど，三つ組の肯定的な面に注目したい。診断がなければ指導や支援をおこなえないわけではない。三つ組の特性が認められる児童生徒に対しては，以下に示す対応を心がけたい。

| 社会性（相互的対人関係）の質的特徴 | ・相手の感情や場の雰囲気を察することが苦手<br>・常識、マナーを知らないことがある<br>・同年齢の人とのつきあいが苦手<br>・自分が周囲からどう見えているか気づきにくい |
| --- | --- |
| 社会的コミュニケーションの特徴 | ・冗談や言葉のニュアンスを汲めず、誤解する<br>・一方的な会話<br>・非言語コミュニケーションを自然に使ったり、正しく理解することが苦手 |
| イマジネーション（興味や活動の限定・柔軟性の欠如）の特徴 | ・想定外の出来事、急な変更に混乱しやすい<br>・特定の物事へ執着・こだわり<br>・目に見えていないことを理解しにくい<br>・考えや感情などを切り替えにくい |

自閉症スペクトラムの特徴（Wing の三つ組）

**社会性の特徴への対応**　学校という場は社会性が重視されるが，「社会性」を育てるということは，不適切な言動を減じ，「多数派の理屈にあわせた行動をとってねと頼むこと，そのための技術を教えること」（吉田，2012）である。とくに思春期以降，ストーカーまがいの行動や教師の指示に一切応じない独りよがりの言動が問題になりがちである。そうした場合，単に叱り，説教を繰り返しても，児童生徒は混乱し自己肯定感を失うばかりである。子どもの発達段階や知的能力にもよるが，当該児童生徒が何にこだわり，何をするための言動か，その独特の物事のとらえ方を理解したうえで，取るべき適切な言動を伝える。人とのかかわりは量ではなく質を高めることを優先する。「一人で落ち着く」ことができるスキルの獲得も必要である。

**社会的コミュニケーションの特徴への対応**　「視覚支援」が有効である。当該児童生徒に伝えたい内容は「見てわかる情報（文字化や図解，指示書や手順書になるもの）」として提示すること，口頭で説明する場合には，簡潔で明瞭な伝え方が望ましい。特性のある児童生徒には，会話量の多寡によらず，コミュニケーションの3つの要素である「要求・援助要請・拒否」が不得手な子どもが少なくないことに留意したい。また，話し言葉だけではなくIT機器を活用したコミュニケーション支援が注目されている。

**社会的イマジネーションの特徴への対応**　見通しがもてるよう，スケジュールやルーチンを生活にじょうずに組み込む**「構造化」支援**が有効である。「構造化」とは，何を（課題），いつまでに（時間），どのくらい（量）するのか，終わったあとはどうなるのかを明確に示すことである。こだわりは「人を巻き込む行為（宿題が終わるまで側を離れないでほしいなど）」や「終われない行為（睡眠時間を削り登校できなくなるほどの趣味への没頭など）」には対処すべきであり，こだわりが強くなっているときには，子どもの生活全体（体調不良や悩み・不安）を点検してみることが必要である。

**感覚刺激の特徴への対応**　休養できる居場所を確保したり，**ノイズキャンセリングイヤフォンや眼鏡など支援機器**を利用することもできる。　　　　　［岩田淳］

**参考文献**　吉田友子『「その子らしさ」を生かす子育て（改訂版）』中央法規，2012

## 問題 45 注意欠如多動症（ADHD）と限局性学習症を適切に理解し支援にいかしたい

**注意欠如多動症（ADHD）** 　**不注意**，**多動性**，**衝動性**が特徴的な症状とされ，その症状は一時的なものではなく，12歳以前から出現していることなどが診断基準の発達障害である。後述する具体的な特徴は，通常の児童生徒にもみられるため「みんなも同じ」と気づかれない場合も少なくない。しかし，通常みられる程度より明らかに頻回に生じ，学校生活に支障をきたしている事例があることを理解したい。

**不注意**は，学校生活においては，提出物の締め切りや課題などをするべき時間に間に合わない，遅刻が多い，複数の課題をこなせない，計算まちがいなどのケアレスミスが多い，整理整頓ができず，やたらと物をなくすなどの行動として現れる。気が散ってばかりいるというよりも，注意を向けるべき事象ではなくほかの物事に注意が惹きつけられてしまう，注意の配分の仕方が不得手である，目に入るものや聞こえる音などにすぐに注意が向いてしまう状態であると考えられる。

**多動性**は，落ち着きがない，着席していても絶えず身体の一部を動かしている，手いたずらや貧乏ゆすりなどが含まれる。授業中に集中が続かない（逆に過集中もある），注意してもおしゃべりばかりしている，やらなければならないことにいつも追われていると見えることもある。

**衝動性**は，衝動的に行動してしまう，思ったことをそのまま口に出すために悪気はないのに人を傷つけてしまう，ハイテンションとみえるような興奮した状態になる。

**教育指導の留意点** 　子どもの行動コントロールの発達レベルに応じた課題，落ち着いて取り組むことのできる環境への配慮が必要である。また，自閉スペクトラム症で紹介した（問題44参照）「視覚支援」「構造化支援」はADHDのある児童生徒への指導・支援にも有効であることが多い。ITを活用した支援機器の活用や薬物療法が奏功することもある。

**限局性学習症（SLD）とその対応**　一般的に**学習障害**と呼ばれる。その名称のゆえか「勉強ができない」と勘違いされることがあるが，知的な遅れや聴力・視力の問題もないにもかかわらず特定の学習の領域に落ち込みがみられる発達障害である。とくに，読み・書きの学習障害を**発達性ディスレクシア**という。その症状の原因は「言語の音韻的な側面に関する弱さ」つまり「文字は，話しことばを目に見える形で記録するためのものであるが，そのためには，話しことばの音をはっきり捉えることが必要で，そのことに関する能力」とされる（加藤，2016）。読むことと書くことは不離不即の関係にあり，読むことはすべての科目の学習に影響するばかりか，一般的な語彙や知識の習得をも阻害する。漢字の習得や英語学習において顕在化する場合が多い。通常の教育指導でおこなわれる複数回の繰り返し練習は，ディスレクシアのある児童生徒には適切な学習方法とはいえず，ともすれば無駄な努力になりかねない。早期に発見し，特性にあった指導がおこなわれることが重要である。読み書きに関する**スクリーニング**（読み書きが苦手であることを発見する）検査や，**言語聴覚士**によって詳細な評価をすることもできる。ディスレクシアの早期発見のための検査や指導方法の開発は日進月歩である。通常の学級での指導・支援とともに，**通級指導教室**での良質な**特別支援教育**が期待されている。

　また，読みの負担を減らし，聞いて理解する学習方法に切り替える，タブレットやPCによるIT機器を活用し，読み書きの代替を認めるなどの合理的配慮を提供することも重要な支援方法であることに留意したい。　　　　［岩田淳］

**参考文献**　宮尾益知『子どものＡＤＨＤ早く気づいて親子がラクになる本』河出書房，2016
加藤醇子編『ディスレクシア入門』日本評論社，2016

## 問題 46 未診断だが発達特性のある児童生徒や家族へどのように対応すればよいか

　医学的診断は医師以外にはおこなえない。したがって，教師が生徒やその家族に対して「発達障害」を診断するかのような発言は厳に慎まなければならない。発達特性は正常発達と連続性をもつとの認識と，インクルーシブ教育システムの理念（問題42参照）への理解を基本に考えたい。

　また，診断をされているが，家族が子どもに告知をしていない事例も散見される。家族が診断（障害）についての適切な説明を受けていないために誤った障害理解のもとで，正常に近づけるために望ましくない家庭教育がおこなわれている場合もある。本項ではとくに学校現場で問題となりやすい未診断かつ保護者にも発達特性への認識が不足している児童生徒と家族への対応について考えたい。

　**どこからが「障害」なのか**　たとえば，ウィング（1996）は自閉症スペクトラムについて「（正常と）明確な境界線は存在しない」「よく適応できている人に診断を受けることを勧める必要はなく（中略）そう助言することは不当な干渉である」と述べている。

　「個性」か「障害」かという議論について，吉田（2012）は「客観的に評価しそれに合わせた課題や支援を用意するとき」には「障害」ととらえ，「彼（彼女）の行動のほほえましさをいとおしく思いあるいはそのユニークさに感心するとき，その特性を生涯続くその子らしさ（「個性」）」と感じる。として，2つの視点をもち合わせることを推奨している。

　レッテルを貼るための「診断」「評価（「理解」と置き換えることもできる）」ではなく，「生活上の困難が生じているか」「困難があるとすれば，どのような場面でどのように生じているのか」を教師は詳細に観察し理解することが求められる。発達特性の評価は専門的検査のみではなく，通常の授業場面での取り組みやパフォーマンス，休み時間の子どもの過ごし方や対人関係など，教育指導・生活場面におけるインフォーマルな理解が重要である。

そうした理解に基づき，**特別支援教育コーディネーター**やスクールカウンセラー，学外の専門機関とも相談しながら，当該児童生徒が成功体験を実感できるような教育指導・支援の工夫をおこなう。

　**家族支援の留意点**　教師は学校・教室内での不適切な言動とその指導実態についてのみ，家族に報告する傾向があるのではないだろうか。わが子の否定的な側面ばかりを強調した話し合いは，保護者との良好な関係をも壊しかねず，当該児童生徒への指導・支援がうまく機能していないことの証にしかならない。まずは学校・教室内でパフォーマンスの質が向上した学習への取り組みにおける指導・支援の工夫，適切な人間関係構築のための会話のルールづくりや環境調整が奏功した場面など肯定的なエピソードを家族と共有したい。それらは家庭における対応の工夫を引き出し，学校生活への指導・支援に取り入れることも可能にする。

　発達特性のある子どもの子育ては，反応が乏しい（過剰），意図を読まない，しつけや家庭学習が奏功しないなど，行動レベルでうまくいかないばかりでなく，感情的に焦りや向けどころのない怒りを伴う場合も少なくない。家族は子どもの成長過程に戸惑い，悩み，不安をかかえる。あるいは生活のなかで子どもへの処し方を学び，ときにはうまく学べず，結果として子どもの自己肯定感を育むことを阻害してしまったとも考えられる。したがって，家族との面接においては，①子ども・家族に求められないかぎり，障害名の告知に準じる説明はおこなわずに，直面している現実的な学習・学校生活上の問題への具体的な支援方法について話し合うほかに，②生育歴および家庭での困難について丁寧に受容的かつ支持的に聞き，親・家族の苦労と工夫を労う，③家庭内での対応についても，専門家を交えながら相談に応じる，④家族がかかえるには過重な子どもの行動特徴や症状がみられる際には，慎重かつ丁寧に医療的対応の必要性を理解してもらう，⑤通級学級や**特別支援学校**への進学を勧める場合には，専門家を交えて発達特性について肯定的な心理教育をおこなうことに留意したい。

[岩田淳]

**参考文献**　内山登紀夫・明石洋子・高山恵子編『わが子は発達障害─心に響く 33 編の子育て物語』ミネルヴァ書房，2014

## 問題 47 特別支援教育における支援のシステムとは何か

　**特別支援教育**とは，「障害のある幼児児童生徒の自立や社会参加に向けた主体的な取組を支援するという視点に立ち，幼児児童生徒一人一人の教育的ニーズを把握し，その持てる力を高め，生活や学習上の困難を改善または克服するため，適切な指導および必要な支援を行うもの」（文部科学省，2007）である。また，知的な遅れのない発達障害も含めて，特別な支援を必要とする幼児児童生徒の在籍するすべての学校において実施される。特別支援教育は，**共生社会の形成**（問題42参照）の基礎となるものであり，わが国の現在および将来の社会にとって重要な意味をもつ。

　特別支援教育の概念図を示すが，本項では，特別支援学校を除く各学校における，とくに発達障害のある児童生徒の支援体制について述べる。

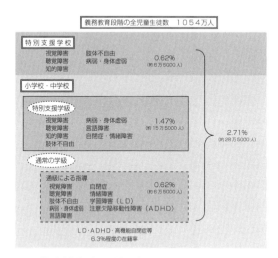

**特別支援教育の対象の概念図**（文部科学省，2012）

文部科学省は2017（平成29）年に「発達障害を含む障害のある幼児児童生徒に対する教育支援体制整備ガイドライン」を発表している。そのなかで，都道府県・指定都市の教育委員会が特別支援教育体制の整備についての基本的な計画を策定する際の実情把握の具体例として，①特別支援学校におけるセンター的機能の状況，②高等学校らにおける特別支援教育の状況，③域内の小・中学校などにおける特別支援学級，通級による指導の設置・運営状況や通常の学級における状況，④各学校における校内委員会の設置・年間運営計画・運営状況，⑤各学校における支援員の確保・配置・運営状況，⑥就学・転学・進学・就労の状況をあげている。さらに，教育委員会らが主体となって，教職員の専門性を高めるための研修を実施すること，**特別支援連携協議会**の設置・運営。ほかにも，各学校において専門家による指導・助言などの相談支援が受けられるよう，**巡回相談員**の配置，**専門家チーム**の設置および**特別支援学校のセンター的機能**の充実に必要な措置や地域住民への特別支援教育に関する理解啓発を求めている。

　**学校における特別支援教育体制**　校長が，特別支援教育実施の責任者として特別支援教育や障害に関する認識を深めるとともに，リーダーシップを発揮し学校経営の柱の1つとして，特別支援教育の充実に向けた学校内での教育支援体制の整備を推進する。そのために，教育上特別な支援を必要とする児童生徒の実態把握や支援内容の検討などをおこなうための**特別支援教育に関する委員会（校内委員会）**を設置する。校内委員会の構成員は，たとえば管理職，**特別支援教育コーディネーター**（問題51参照），主幹教諭，指導教諭，通級担当教員，特別支援学級担任，養護教諭，対象の児童らの学級担任，学年主任らが考えられる。

　校長は，校内委員会などにおいて，学校内での**個別の教育支援計画**および**個別の指導計画**（問題49参照）を作成し，活用を進めるとともに，適切に管理し見直しを図る。　　　　　　　　　　　　　　　　　　　　　　　　　［岩田淳］

**参考文献**　文部科学省「発達障害を含む障害のある幼児児童生徒に対する 教育支援体制整備ガイドライン」2017, http://www.mext.go.jp/component/a_menu/education/micro_detail/__icsFiles/afieldfile/2017/03/30/1383809_1.pdf

## 問題 48　個別の教育支援計画を理解し活用したい

**個別の教育支援計画**　障害のある児童生徒の一人ひとりのニーズを正確に把握し，教育の視点から適切に対応していくという考えの下，長期的な視点で乳幼児期から学校卒業後までを通じて一貫して的確な支援をおこなうことを目的として作成される。障害のある児童生徒のニーズは教育，福祉，医療など，さまざまな観点から生じるため，福祉，医療等関係機関との連携協力に十分配慮することが必要である。

**個別の教育支援計画作成の流れ**　学級担任や特別支援教育コーディネーターが中心となって，学校全体で作成する計画である。保護者の積極的な参画を促し，本人や保護者の意見を十分に聞いて，福祉，医療機関等との連携を図りながら作成する。入学後，転入後なるべく速やかに作成することが望ましい。学校入学後に支援が必要になった児童生徒の場合には，保護者も支援を受けることを了解した時点で作成することになる。各項目に何を記入するかを図に示した（東京都教育委員会の例）。

**■留意点**　個別の教育支援計画を各学校に引き継ぐことが大事である。引き継ぐ際には，保護者とどんな情報をどのように送付するかを相談する。受け取る側は，受け取った情報を，これからの指導に活かしていく。とくに困ったときの対応やパニックを起こさないで済む配慮事項は十分な聞き取りをおこなう。また，現状では，義務教育段階の小中学校から高等学校への引き継ぎが円滑になされていないという課題がある。　　　　　　　　　　　　　　[岩田淳]

**参考文献**　柘植雅義・インクルーシブ教育の未来研究会編『特別支援教育の到達点と可能性—2001〜2016年：学術研究からの論考』金剛出版，2017

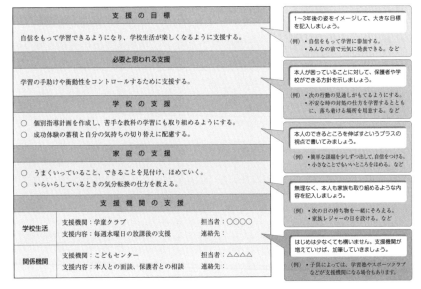

**個別の教育支援計画の記入の仕方**

（東京都教育委員会「個別の教育支援計画による支援の実際」2012, http://www.kyoiku.metro.tokyo.jp/buka/shidou/tokubetsushien/kobetsushien/24tokushi_kobetu.pdf）

## 問題 49　個別指導計画を理解し活用したい

**個別指導計画**　指導をおこなうためのきめ細かい計画であり，児童生徒一人ひとりの教育的ニーズに対応して，指導目標や指導内容・方法を盛り込んだ指導計画である。特別支援学校・特別支援学級の児童生徒には，個別指導計画の作成が義務づけられている。また，通常の学級に在籍し，支援を必要とする児童生徒や就学支援シートが提出された児童生徒についても作成が求められている（問題 50 参照）。

　作成にあたっては保護者の希望も聞き取りながら，実現可能な目当てを設定するとともに，児童生徒の状態により，学期に1回程度，評価と内容の見直しが必要である。本項では，通級指導学級における個別指導計画の作成について，「短期個別指導計画」と「連携型個別指導計画」に分けて解説（東京都教育委員会の資料「小・中学校の特別支援教育の推進のために（平成29年）」を参照）するとともに，作成上の留意点について述べる。

　**短期個別指導計画**　1カ月単位など短い期間での実態把握や目標設定をおこない，項目を絞って書き込む。短期的な目標設定をおこなうことで，対象となる児童生徒の状況に応じたスモールステップの学習支援が可能になる。個別指導計画で設定された比較的長期的な学習目標を確実に達成させるために，そのなかの1項目に絞ってより具体的な目標を設定し，目標達成に向けた手立てを講じることができる。

　**連携型個別指導計画**　在籍学級の教師と通級指導学級の教師が連携して作成する。在籍学級との情報交換がより丁寧におこなえることが特徴である。

　在籍学級の担任と通級指導学級の担任との連携は，通級学級担任にとっては，児童生徒の障害の様子から学習目標の設定について通級指導学級担任に相談できる安心感が得られる，また，保護者に対して，連携型個別指導計画を活用することで総合的な説明が可能となり，理解を得やすい，という利点がある。いっぽう，通級指導学級担任には，在籍学級での長期目標を達成するために，

短期目標をどのように設定すればよいかを情報交換でき，学習の手立てについて共通理解することが可能となる。

## 「個別指導計画」作成上の留意点

①**「気づく」から始まる**：特別な教育的支援が必要であるか，判断はむずかしい。学級担任や教科担任が要支援の児童生徒に気づいたら，担任教師が一人でかかえ込まずに，学年会などで話し合い，支援の手立てを工夫する。日ごろの行動観察から，「いつ」「どこで」「どのようなときに」「どんな問題が起きるか」，つまずきや困難さの様子を把握しておく。

②**教育的ニーズの把握**：学習面，行動面，対人関係などの領域で分類したり，学習面をさらに教科ごとに分ける方法もある。取り組めていない面ばかりではなく，得意な面も取り上げることにより，特性を生かした教育指導・支援につながる。こうした実態把握に基づいて，校内委員会などで個別の指導計画を作成していく。

③**適切な目標を設定**：ポイントは以下のとおりである。①つまずきや困難さの実態把握に基づいて立てる，②達成が可能な目標を立てる，③達成が観察できる具体的な表現を使う，④現在の達成レベルとこれからの目標レベルを明らかにする，⑤複数の目標を1つにしない，⑥目標達成の評価の基準を明確にする，⑦段階的になるように工夫する，⑧子どもができることを目標にする。

④**指導内容・方法の決定**：指導は，本人への課題設定などの個別的な対応（指導内容の個別化）と学級集団のなかでの個別的な対応（指導方法の個別化）の両面から考える。具体的な指導・支援は，教材・教具，指示・教示，学習場面，集団編成，活動内容，手順や計画，指導体制を観点に工夫できる。

⑤**指導の実践と記録，評価**：指導の記録は評価するための資料となる。評価には，目標に対する児童生徒の評価（変容）と，指導や支援方法に対する評価，そして個別の指導計画に関する総括的な評価が含まれる。　　　　　［岩田淳］

**参考文献** 柘植雅義編『ユニバーサルデザインの視点を活かした指導と学級づくり』金子書房，2014

近藤武夫編『学校でのICT利用による読み書き支援』金子書房，2016

## 問題 50 教室での特別支援教育とは何か

**通常学級に在籍する特別支援教育を必要とする児童生徒** 通常の学級に在籍する知的発達に遅れはないものの発達障害の可能性のある特別な教育的支援を必要とする児童生徒の実態を明らかにするために，文部科学省は 2002（平成 14）年と 2012（平成 24）年に調査（質問項目に対して担任教員が回答）をおこなっている（2 回の調査は対象地域，学校や児童生徒の抽出方法が異なる）。その結果，学習面または行動面で著しい困難を示す児童生徒の割合が，2002 年には 6.3%，2012 年には，6.5% あった。とくに平成 24 年度調査では，授業時間内に教室内で個別の配慮・支援がおこなわれている児童生徒の割合が，校内委員会において特別な教育的支援が必要と判断された児童生徒の割合を上回っていることから，各教員が個別に工夫しつつ特別支援教育に取り組んでいると評価している。

発達障害の可能性があり特別な教育的支援を必要とする子どもが通常の学級において，落ち着いてそして安心して学習に取り組めるようにするための教育指導・支援方法を，より一層考える必要がある。学級全体が落ち着いて学ぶことができる学びやすい授業環境は，どの子どもにとっても学びやすい。ユニバーサルデザインの考え方に基づく指導や学級づくりを促進させたい。具体的には，通常の学級に在籍する発達障害のある児童生徒を含むすべての児童生徒にとってわかりやすい授業，安全で過ごしやすい教室環境の整備，見通しがもて活動しやすい学級風土づくりがあげられる。

たとえば，少人数指導，チーム・ティーチング，学習目標別グループ指導は，障害の有無に直接結びつかなくても，学習に苦戦している子どもへの指導として有効なものである。

**初等中等教育段階における合理的配慮** その具体例が「文部科学省所管事業分野における障害を理由とする差別の解消の推進に関する対応指針について」に示されているほか，独立行政法人国立特別支援教育総合研究所が運営する「インクルーシブ教育システム構築支援データベース」や「特別支援教育教材

ポータルサイト」も参考にすることが効果的である。

　対応指針に示された，発達障害児童生徒への合理的配慮の具体例としては，個別指導のためのコンピュータ，デジタル教材，クールダウンするための小部屋などの確保，口頭による指導だけでなく，板書，メモなどによる情報掲示があげられている。

　学級経営では，ちがいを受け入れ互いによい面をみつける，弱い面は補い合うという態度を育てたい。教師がそのモデルになるために教師自身の障害観の自己点検が必要である。子どもたちが障害について発達段階に応じた正しい知識をもつこと，人の多様性について理解すること，かかわり方のマナーや実際のコミュニケーションの取り方を身につけること，障害のある子どもは自分たちと異なる存在ではなく，障害はその子どもの一部であり，その子ども自身は自分たちと同じ一人の主体性をもった存在であることについて理解することが，そのような仲間とともに生活するうえで必要である（問題52参照）。

　**高等学校における特別支援教育**　高等学校については，小・中学校などにおいては，通常の学級，通級による指導，特別支援学級といった，連続性のある多様な「学びの場」が整備されているのに対し，通常の学級（または特別支援学校高等部）に限られている。このため，高等学校における通級による指導制度が構築されているところであるが，現状では，普通学級における取り組みが中心となる。特別支援教育コーディネーター，スクールカウンセラーと協力しながら，「個別の教育支援計画」「個別指導計画」を作成し適切な教育指導・支援をおこなうことが望まれている。

［岩田淳］

**参考文献**　藤田和弘監修／熊谷恵子・熊上崇・小林玄編著『長所活用型指導で子供が変わる Part5 思春期・青年期用』図書文化社，2016
　　月森久江『教室でできる特別支援教育のアイデア　中学校・高等学校編』 図書文化社，2012

## 問題 51 特別支援教育コーディネーターの役割と活動を理解したい

**特別支援教育コーディネーター**　各学校における特別支援教育の推進のため，主に，校内委員会における推進役，校内研修の企画・運営，関係諸機関・学校との連絡・調整など，学校内の関係者や関係機関との連絡・調整，保護者に対する学校などの相談窓口の役割，障害のある児童生徒らへの教育支援の充実，地域における関係者や関係機関との連携・調整などの役割を担う。各学校の校長は，特別支援教育のコーディネーター的な役割を担う教員を「特別支援教育コーディネーター」に指名し，校務分掌に明確に位置づけることが義務づけられている。現在，ほぼすべての公立小・中・高等学校に配置されているが，特別支援学級担任教師や養護教諭などが兼務している場合が多い。文部科学省は専任化と専門性の向上を求めている。

**活動の実際**　活動の実際を図と合わせて述べる。まず，何らかの困難さをかかえる児童生徒を担任が気づいた際，あるいは保護者からの相談の窓口となり，支援につなげるための橋渡しをする。担任教師の気づきに対しては，担任とともに状況を整理し，多角的な児童生徒理解を図る。保護者からの相談においては，保護者の児童生徒への願いや，課題と思っているところ，学習面，行動面，対人関係を丁寧に聞き取ること，必要に応じて保護者から家庭の様子，生育歴，療育や医療などの経過についての情報を把握する。

つぎに，特別な支援を必要としている児童生徒理解に基づき，どのような支援が必要か，どのような支援のプロセスに導くかを見極め整理する，個別の教育支援計画の作成（問題48参照）の中心となる。特別支援教育コーディネーターが一人でおこなうのではなく，担任教師や各科目指導教師，また巡回相談員など専門家チームの支援を受けながら作成していく。なお，巡回相談員とは，特別支援教育や発達障害，アセスメントなどに関する専門的な知識と技能を有する専門家がその任についており，対象となる児童生徒や学校のニーズの把握，授業場面の観察，指導内容・方法に関する助言などをおこなう。

校内の関係職員，巡回相談員や外部の専門機関からの知見を組み合わせ，個別指導計画など具体的な支援の計画を策定し支援していくことがコーディネーションである。さまざまな意見や異なる立場にある関係者間の調整役を担うことが求められている。　　　　　　　　　　　　　　　　　　　　　　　　　　　　　　　　　　　　　　　　［岩田淳]

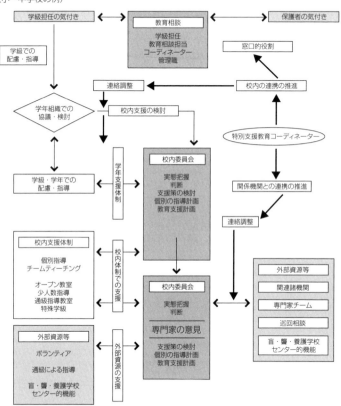

（小・中学校の例）

**個別支援の流れと特別支援教育コーディネーターの役割**（国立特別支援教育総合研究所）

**参考文献** 独立行政法人国立特別支援教育総合研究所『特別支援教育の基礎・基本＜新訂版＞』ジアース教育新社，2015

## 児童生徒のための障害理解教育をどのようにおこなうことができるか

**共生社会**　「共生社会」をめざすためには，障害のない人の，障害や障害者への理解は不可欠である。障害のある子どもと障害のない子どもが可能なかぎりともに学ぶことができるように考慮する観点から，交流および共同学習を一層推進していくことが重要であるとともに，共生社会の形成に向けた障害者理解を推進していく必要がある。障害者差別解消法に関する文部科学省による対応指針においても「交流及び共同学習は，障害のない幼児，児童及び生徒が障害のある幼児，児童及び生徒と特別支援教育に対する正しい理解と認識を深めるための絶好の機会であり，同じ社会に生きる人間として，お互いを正しく理解し，共に助け合い，支え合って生きていくことの大切さを学ぶ場であること。また，障害のある幼児，児童及び生徒の保護者，障害のない幼児，児童及び生徒の保護者ともに，このような学校教育に関わることにより，障害者に対する理解を深めていくことができること」と明記されている。

**適切な障害理解**　児童生徒にとって「障害」とは車椅子や視覚障害，聴覚障害をイメージし，医学モデルの「機能障害」としての理解にとどまっていると考えられる。国際的スタンダードである「**社会モデル**」から障害理解を進めたい（問題42参照）。すなわち，機能障害とは，身体や脳が，「多くの人」と同じようにうまく働かない状態になっており，本人の努力や治療で短期間にその状態が変わらない。しかし，機能障害をもって「障害」なのではなく，「個人特性（機能障害）」と「環境」のおりあいの悪さから生活上の困難が生じている状態が障害なのだという理解である。「多くの人」向けにつくられた事物，制度，慣行，観念などが，機能障害のある人の社会生活を営むうえで障壁となっている状態を「**社会的障壁**」と呼ぶことを児童生徒に伝えたい。この概念は，発達段階に応じた説明が必要になるとはいえ，障害者差別において最も深刻な社会的障壁が観念，偏見（障害児者はかわいそう，幸せになれない，結婚できないなど）であるとされている事実を勘案すると，「差別をしない」「偏見をもたない」態

度の育成は重要と考える。そのためには，障害理解教育を学校教育計画のなかに組み込み，学校としての特別支援教育についての取り組みの姿勢を児童生徒と保護者にも示す必要がある。とくに，発達障害は外見からはわからず，理解されにくい側面があることに留意し，適切な「障害理解」を促したい。

**ともに学びともに成長する**　たとえば，私たちにとって理解しにくいと感じる様子，言動には，彼らなりの意味があり，本当は困ったり悩んだりしているかもしれないということ。得意不得意があるのは私たちと同じであり，適度な声かけなど自然なサポートにより，障害のある子どもも力を発揮できることなどである。ただし，私たちが不愉快になる言動があったなら，「〜にしてね」と適切な言動を伝え，「なんで，〜ことするんだよ」とか「おまえ，変だよ」では伝わらないことも指導する。「支援する」「支援される」という関係だけではない，「助けてあげる」のではなく「おたがいさま」の関係性をつくり，排除・排斥はしないことを徹底させたい。学校は「ともに」学び，「ともに」成長する場である。

初等中等教育段階においては，発達障害のある子どもが学級内にいることによって自分の子どもの学習が阻害されることを保護者が懸念する事例もみられる。担任教師は特別支援教育コーディネーターとも協力しながら，学校としての一貫とした姿勢でこうした事態に対処したい。障害のある児童生徒の保護者の意見にも配慮し，本人と保護者が希望する場合には，障害のある児童生徒の保護者とともに，ほかの保護者に理解を促すように，保護者の気持ちや子どもの特性と対応などについて話す機会をつくることもある。子どもたちへの教育を通して保護者の見方を変えていくことも学校ができる「共生社会」への取り組みである。

[岩田淳]

**参考文献**　水野智美『はじめよう！障害理解教育―子どもの発達段階に沿った指導計画と授業例』図書文化社，2016

## 問題 53　学童期・青年期にみられる精神医学的問題とは何か

　子どもから大人への過渡期である学童期から思春期・青年期は，身体面，心理面，知的能力などの発達面で大きな変化が生じるため，心身のバランスが崩れやすく精神的問題が起きやすい。発達途上である子どもは，自身の状態（気持ち・考えなど）について，言葉を使って表す力（言語化）や内省力が十分に育っていない。そのため不安や緊張，葛藤や欲求不満など心理的ストレスの高い状態におかれると，言葉で訴える代わりに身体症状や精神症状，問題行動や不機嫌など行動や態度で表し，この傾向は，心と身体が未分化な低年齢ほど顕著である（表1）。

　学童期・青年期についての精神医学的問題は，発達の観点が必須で，症状・問題の表れ方に子ども特有の以下の特徴がある。

①発達課題との関連が深く，固定せず不安定ではっきり病的とか異常とは判断しにくい。

②環境の影響を受けやすく，環境変化への反応として起こりやすい。

③精神的環境として両親，とくに母親の影響を受けやすい。親のちょっとした一言や態度で，症状が良くなったり悪くなったりする。

④言語化も内省力も発達途中のため，感情と言葉が結びつかず，心身の状態にも気がつきにくい。悩みがあるという自覚が少ないことも多い。

⑤習慣や行動上の諸問題を伴っている場合が多い。

⑥症状・行動の表れについて価値的・評価的眼差しを向けられやすい。

**乳幼児期に起こりやすい問題**　乳児期は，夜泣き，下痢・便秘，アトピー性皮膚炎など生理的欲求に基づく問題が生じることが多い。幼児期には親へのしがみつき（分離不安），強い人見知り，誰にでもなれなれしい，登園しぶり，爪かみやチック，指しゃぶりなど行動上の問題が生じやすい。また，乳幼児健診

表1　児童にみられる心身の症状や行動（津川他 ,2015 一部改変）

| 行　動 | 不登校，暴力，自傷，家出，非行，爪かみ，指しゃぶり，抜毛など |
|---|---|
| 身体症状 | 頭痛，腹痛，発熱，動悸，食欲不振，嘔吐，下痢，便秘，頻尿，消化性潰瘍など |
| 精神症状 | 抑うつ，不安，恐怖，強迫，心気，焦燥感，苛々，錯乱状態など |

などにより発達の遅れや偏りがみつかることもある。具体的には知的障害や自閉スペクトラム症，注意欠如多動症（ADHD）などである。この時期はとくに親との関係や養育環境などとの関連が密接であり，背景に児童虐待（問題36）や適切な養育の欠如がある場合もあり，注意深い観察や対応が求められる。

**学童期に起こりやすい問題**　就学により学習や学校生活が始まることをきっかけに，発達障害では限局性学習症（LD）が顕在化しやすい。また学校で過ごす時間が増え，仲間関係を発展させ，学業や技能習得を高め合う時期であるため，劣等感や自信の欠如によるストレスが高まり学校に関連したかたちで心理的な問題が顕在化する。

**思春期・青年期に起こりやすい問題**　思春期は発達の諸領域における変化が急激であるとともに，個人差も大きい。自立と依存の葛藤や自己の身体へのこだわりなど思春期心性から，摂食障害，自己視線恐怖症，自己臭恐怖症，醜形恐怖症などがみられることもある。

ただし，心理的問題や問題行動が子どもの新たな自己形成のために必要な面もあるという見方もあることを心にとめたい。　　　　　　　　　　［光延］

表2　発達段階による子どもの代表的な精神的問題

| 乳児期 | 夜泣き，アトピー性皮膚炎，下痢・便秘，発育障害など |
|---|---|
| 幼児期 | 吃音，チック，気管支喘息，登園拒否，緘黙，遺尿など |
| 学童期 | 不登校，反復性腹痛，心因性発熱，頻尿・夜尿，抜毛症など |
| 青年期 | 不登校，起立性調節障害，摂食障害，過敏性腸症候群，過換気症候群など |

**参考文献**　山登敬之・齊藤環編『入門子どもの精神疾患』日本評論社 ,2011

## 問題 54　症状・問題行動の意味とは何か

**症状・問題行動とは**　問題行動というとき，誰が「問題」としているかに注意が必要である。通常，教師や保護者，学校側など大人や社会が問題視している場合が多い。しかし，子ども側からみると問題行動を呈することにも，成長発達の過程における重要な意味をもつことが多い。そのため，表面的に行動や症状だけを禁止や制限という対応をしても改善には向かわない。そうせざるをえない背景をみていこうとする視点は，適切な子ども理解となり，効果的な対応につながる。ここでは，カナー（Kanner,L.）を参考に症状・問題行動の意味を子ども理解の一助として提示する。

①**入場券としての症状・問題行動**：子どもが「心の平衡状態が崩れた」と，周囲の人に伝えようとしているという意味がある。しかし，実際にはそのように理解することは周囲の人にはむずかしく，症状や問題行動を子ども側の要因と見なしたり，たいしたことではないと過小視したり，場合によっては自分たちが子どもから攻撃されているように受け取りがちである。そういう意味では，症状や問題行動は支援への入場券のようなものである。

②**信号としての症状・問題行動**：周囲の人に向かって「助けてほしい」と伝えるサインという意味がある。子どもの場合，十分に言葉で表せないからこそ身体症状や問題行動で表現していると考えられる。子ども自身は，自分の行動の意味がわからず，どんな信号を出しているかの自覚はない。原因を問い正したり，一方的に説得しても，その子にとって叱責されたように感じ，苦境や反発を増すだけに終わることが多い。

③**安全弁としての症状・問題行動**：心の平衡状態がすでにある程度失われている場合には，状態がこれ以上悪化していくのを防ぐ意味がある。不登校になり家に引きこもることで対人関係や学校生活のストレスを回避し，本格的な精神疾患への移行を防ぐ場合がある。そういう意味では，子どもにとって問題行動は心の安全弁であり心のバランスを保つ役割を果たそうとしている。

④厄介者としての問題行動：症状や問題行動は，安定を妨げる問題を解決する手段としても起こる。症状や問題行動がみられたとき，どのようにそれを矯正したり，止めるようにするかではなく，子ども自身がなぜ今そのような症状や行動を必要としているのか，どんな欲求阻止や葛藤を解決しようとしているのか，どうしたらもっと適切な方法で支援できるかと考えを進める視点が必要である。

⑤問題解決の手段としての症状・問題行動：症状や問題行動は，個々の子どもに特殊な心理的な働きをしている。心理的な意味の1つは，自罰的な意味である。たとえば，学校にも行かず，部屋に閉じこもり，食事もろくにとらず，誰にも会わないという状態もあれば，極端なかたちとして「自殺」に至ることもある。そこで問題になるのは，なぜ自分を罰するのか，を考えることである。また，二次的に利得を求める疾病利得という心理的特性が考えられる。これは，問題解決に必要な欲求（親の関心が自分に向いて欲しい，大切にして欲しい，甘えたいなど）を満たし一定の利得を手にすることをいう。ほかに「学校へ行ってやらない」「死んで後悔させてやる」というような周囲の者への復讐の気持ちが込められていることもある。

症状や問題行動は突然出現したようにみえるが，そこに至るまでには誕生から現在までの歴史（生育歴）があり，育ちにたずさわってきた家族関係や社会環境との関係性の歴史も含めて理解するという視点が大切である。　　　　　　[光延]

**参考文献** 滝川一廣『子どものための精神医学』医学書院，2017

## 問題 55 うつ病と抑うつ・不安症・強迫症とは何か

**うつ病・抑うつとは** うつ病では，①気分の落ち込み（憂うつ・悲しい），②意欲の低下（おっくう・やる気がしない），③頭が働かない（活字を読んでも頭に入らない・学業が進まない），④いろいろな身体症状（頭が重い・疲れやすい）などの症状が2週間以上続き，学業や家庭生活に支障をきたす。また，日内変動があり，睡眠障害，食欲低下がみられる。

抑うつは，病名ではなく「**抑うつ気分**」と「**抑うつ状態**」に分けられる。憂うつであったり，気分が落ち込んでいるような気分の低下のことを抑うつ気分といい，抑うつ気分が強くなり思考や意欲も低下した状態を「抑うつ状態」と呼ぶ。抑うつは失恋や人間関係のトラブルなどで誰にでも起こる症状である。

うつ病は，どの発達段階でもみられ，子どもにもうつ病があることを理解しておきたい。基本的には成人の症状と変わらないが，子どものうつ病の特徴としては，抑うつ感や悲哀感を意識して言葉で伝えることがむずかしいため，代わりにイライラ気分や焦燥感，不機嫌な態度や興味や喜びの喪失として表出する。身体症状の訴えが多く，意欲の低下を不登校というかたちで表すこともある。自殺にも注意を要する（問題37参照）。

■**対応** うつ病には休養と薬物治療が有効であるが，子どもの場合には，家庭と学校との環境調整も必要に応じて行う。また，子どもが自分の気分の変化に気づき，そのときの対処を身につけていくなど認知行動療法（問題59）の考え方を取り入れた心理教育も有効である。

**不安症群** 不安症群にはさまざまな種類があるが，共通して過剰な恐怖および不安に関連する行動の障害特徴をもつ。不安があること自体は，病的なことではない。不安は危険を教えてくれる働きがあり，不安に気づきじょうずにつきあうことで，テスト勉強を早めに準備して心の余裕が保てたり，意識して休息をとることで重篤な病気にならないですむかもしれない。通常範囲内の不安と病的な不安を見極めることはむずかしいが，不安の強さが強すぎたり，長く

継続して，日常生活に支障が生じる場合，不安の内容があまりに特異な場合などは一度医療機関を受診して，専門医に相談するのも一案である。以下に，児童生徒にみられる代表的な不安症をあげる。

①選択性緘黙(かんもく)　家など慣れ親しんだ環境では話せるのに，学校のように話すことが期待される一定の社会状況では話せない。身振りや目線，首を振ったり，人を押したり引いたりして意思を伝達する。

　■対応　症状と年齢から心理療法は非言語的接近が柱になるが，親とのカウンセリングも重要である。話すことよりはまず言葉によらないコミュニケーションを保証して対人交流を広げていくことが望ましい。ほとんど幼児期発症であるにもかかわらず，家では話している，外では迷惑がかからない，そのうち話すと安易にみられ，相談開始は学童期以降になることが多い。

②社交不安症　人がいる場所で，不安や緊張が高まり，そのために社会から引きこもってしまう場合もある。中心的な症状は，少人数の集団で他人から注目されたり変だと思われることで恥をかくのではないかという不安や恐れである。学校で友人といるとき，公衆の面前で何かを行うとき不安が強い。赤面，多汗，手や声の震えなどが生じる場合もある。

　■対応　「気にしすぎ」と助言するのは，自分の気持ちが理解されていないと思い防衛的になるだけである。他人の評価を気にしすぎる傾向，よく思われたい気持ちから自分らしさが失われていることなどをカウンセリングで扱う。薬物療法とカウンセリングを併用するとより効果的である。

③パニック症　パニック発作を主症状とする。パニック発作とは，動悸，窒息感，自分の死に対する恐怖感など複数の反応が突発的に生じる心身の状態。パニック発作は突然理由なく生じるので，何度か発作に見舞われると，「また発作が起きるのでは」という**予期不安**が強くなる。次第に，パニック発作時に助けを求められないような場所への外出や，そのような状況への遭遇に強い恐怖感をもつようになる。恐怖感のせいで，乗り物に乗ったり雑踏への外出を回避するようになり，日常生活に支障をきたすとき診断される。青年期に多くみられ，男性より女性の発現率が高い。

　■対応　パニック発作が起こったときは，ゆっくり休める場所へ移動し，気

道を確保し呼吸の有無に気をつけながら落ち着くまで休む。通常，パニック発作は数十分で沈静化する。予期不安で外出を避ける場合には，できそうなことから1つずつ実行して自信を回復する。階段を1段ずつ登るように根気強く進めていき，無理強いは禁物である。

**強迫症** 強迫観念と強迫行為から成る。**強迫観念**とは，①自分の意志に反して，ある考えや衝動が繰り返し頭に浮かぶ。②考えや衝動を抑えようとすると，不快感が生まれてくる。③症状は馬鹿ばかしく，不合理なものと感じている。④通常，行為することで不安は軽くなる，という特徴がある。**強迫行為**とは，実際にそこまでする必要がないとわかりながらも，自分の意志に反して，ある決まった行動を繰り返してやめられない現象である。

不安を高める強迫観念を不安を減らす強迫行為が，通常2つセットになっている。健康な人であっても，ストレスとなる出来事が重なる場合にみられやすい。症状が日常生活に支障をきたせば，強迫症と呼ばれる心の病気ということになる。

強迫症状の例としては，汚れや菌に汚染されているのではないかという過剰な心配によって手洗いを止められない，何か恐ろしいことが起こるのではないかという恐怖が繰り返し思い浮かぶ，戸締りを何度も確認するなどがあげられる。子どもの強迫症の特徴は，強迫観念より強迫行為が症状として出やすく，周囲の人々を症状に巻き込む傾向がある（たとえば，親に対して戸締りの確認をするように何度も要求する，大丈夫か繰り返し尋ねて親から大丈夫と保証してもらわないと気がすまないなど）。正常な発達課程でも幼児期と思春期は強迫症状が発現しやすい。

**■対応** 薬物療法が症状軽減に役立つため，経過をみて医療機関の受診を勧める。子どもの強迫症の巻き込み型の場合，本人へのカウンセリング（認知行動療法など）とともに子どもへのかかわり方について親のカウンセリングも有効である。 ［光延］

**参考文献** 貝谷久宣監修『非定型うつ病—パニック症・社交不安症（よくわかる最新医学）』主婦の友社,2014

　睡眠は食欲，性欲とならび基本的欲求であり，精神的健康を保つ基礎になる。そのため，精神疾患には必ずといってよいほど睡眠障害を伴う。

　**睡眠障害の種類**　睡眠そのものの障害には，**入眠障害**（眠ろうとしても寝付けない），**早朝覚醒**（遅く寝ても朝早く目覚めてしまう），**中途覚醒**（就寝中何度も目が覚める）などがある。

　子どもに多くみられる**睡眠異常**の代表的なものには，**ナルコレプシーと概日リズム睡眠障害**の2つがある。ナルコレプシーは，日中に反復する居眠りが毎日長期間にわたって持続する。たとえば，試験中など普通では居眠りをしないような場面でも，突然眠気が襲い数分から10数分眠り込んでしまう。加えて，情動脱力発作（怒ったり，興奮など強い情動のあとに筋肉が突然脱力する）や睡眠麻痺（入眠時または出眠時幻覚や全身の"金縛り"のような脱力状態）を伴うことがある。ナルコレプシーの初発は10歳代に集中し，とくに14〜16歳にピークを示すといわれている。概日リズム睡眠障害は，睡眠の開始時間と起床時間が遅くなった状態が持続して，望ましい時間に寝ついたり覚醒できない状態である。不登校の子どものなかに昼夜逆転した生活を送る場合などが該当する。

　睡眠中に起こり異常行動をとる**睡眠時随伴症**には，悪夢，夜驚症，夢中遊行などがある。**悪夢**とは恐ろしい夢をみることであり，覚醒後に意識ははっきりしており，夢の内容を思い出せる。**夜驚症**は入眠後数時間で起こることが多く，強い恐怖と発汗，激しい動悸など自律神経系の緊張の徴候がみられる。悪夢と異なり，覚醒後取り乱して夢の内容を思い出せないことが特徴である。**夢中遊行**は，睡眠中に起き上がって歩き回ることを繰り返す。夜驚症と同様入眠後数時間で起こることが多く，翌朝に自分の行為を覚えていない。

　■**対応**　ストレスをかけないように生活しても改善がみられない場合は，医療機関を受診し睡眠導入剤などの薬物療法と生活指導が必要となる。

　**摂食障害**　15歳前後の思春期・青年期，とくに女子によくみられる。食事

制限して拒食を示す**神経性やせ症**(一般的に**拒食症**)とむさぼるように食べ過食する**神経性過食症**(一般的に**過食症**)，**むちゃ食い障害**などがある。

　拒食症は，ダイエットなどをきっかけに始まることが多い。適性体重を大きく下回り，客観的にやせているにもかかわらず，本人は太っていると感じている。厳しい食事制限，過剰な運動，嘔吐や下剤を使って体重増加を防ごうとするため，無月経になることも多い。栄養不足になると，身長の伸びの停止，脳萎縮による記憶力・集中力の低下，骨密度の低下による骨折のしやすさなど身体的発育の多方面に影響が及ぶ。精神面でも，柔軟で合理的な思考がむずかしくなり，こだわり，不安，怒り，緊張などが強くなる。拒食症の約半数は制御できないむちゃ食いの発作がみられ，体重をコントロールするために食べたものをわざと吐き出す場合もある。拒食症は体重減少が進むと体力とともに，身体機能や免疫力も低下して死に至る可能性が高い深刻な障害である。また，摂食障害はうつ病を合併している場合も多い。背景には，成熟の嫌悪や拒否，家族関係やとくに母子関係との関連が深いと考えられている。

　■**対応**　摂食障害は極端に体重が増減するため，学校場面でも外見から気づく可能性もある。拒食症の目安は体格指数(BMI＝体重[kg]÷身長[m]2)が18.5未満の場合とされており，注意を要する。また，スクリーニング方法として，①標準体重の－15%以下のやせの児童生徒について，②成長曲線上体重が1チャンネル以上下方へずれていて，③徐脈(脈拍数60/分未満)を合併する場合，医療受診のめやすとなる。やせに気づいた時点で，養護教諭やスクールカウンセラーと連携し，保護者にも連絡して，体調や家での食事や生活の様子をきく。無月経や徐脈，低血圧など身体症状の検査を理由に受診を勧めると受け入れやすい。治療は，状態によって入院による身体的治療が優先され，薬物療法と本人や家族のカウンセリングが併用される。

〔光延〕

**参考文献**　内山真他『睡眠障害の対応と治療ガイドライン』じほう出版，2012
　　　　　水島広子『摂食障害の不安に向き合う：対人関係療法によるアプローチ』創元社，
　　　　　2015

**統合失調症スペクトラム**　「考え」「情（感情）」「意欲」のまとまりが失調，つまりバランスが崩れているという意味の精神障害である。幻覚や妄想，支離滅裂な思考・思考が途中でとまる，特定の思考が繰り返されるなど，あるいは，無気力になる・情動的な反応が鈍くなるなどさまざまな症状がある。しばしば「病識欠如」も認められる。発症は，思春期から青年期の10歳代後半から30歳代が多く，有病率は約100人に1人と比較的高い。統合失調症の原因は，今のところ明らかではない。進学・就職・独立・結婚などの人生の進路における変化が，発症のきっかけとなることが多いといわれている。成績低下，無気力，対人恐怖，不眠，抑うつなどが統合失調症になる前の症状として出現しやすい。高校生の不登校の場合，背景要因としての可能性があるため留意する。

　■**対応**　専門医による適切な治療と薬物療法が原則で，学校場面では早期発見し医療機関へつなげることが望ましい。薬物療法と心理社会的治療が併用され，入院治療が必要になる場合もある。現実生活では学校や家庭での日常的な支援が重要となる。適切な治療の継続により，症状を相当程度安定化し，軽快または寛解する。自傷や自殺に注意を要する。

　**思春期妄想症**　「自分の身体的な問題（視線や体臭など）のために周囲の人々に不快感を与えている」という確信を，実際にはそうでないにもかかわらず妄想（思い込みが強く訂正や修正ができない状態）としていだく病気である。代表例としては，自己臭恐怖（自分のおならや便の臭いが漏れているという妄想），自己視線恐怖（自分の視線が相手に不愉快な思いをさせているという妄想），醜形恐怖（自分の容姿が相手に不愉快な思いをさせているという妄想）などがある。

　■**対応**　通常，思春期・青年期の期間だけの一時的症状とされるが，対人恐怖症や統合失調症スペクトラムなど別の疾患に基づいている場合もあり，専門の医療機関を受診したうえで，経過観察が必要である。

　**パーソナリティ障害**　パーソナリティ，すなわちその人自身の内的体験やほ

ぼ一定した考え方・感じ方や感情の表し方・行動のパターンが，社会的あるい
は文化的な基準に比較して著しく偏りがあるため家庭生活や社会生活に支障を
きたした状態をいう。プライドの高い人，世間体を気にする人，一人が気楽な
人といった傾向は人それぞれで，当然個人差があり，良い悪いではなくある程
度までは「性格」や「個性」として尊重すべきである。ただ極端な物事の受け
とめ方や行動の仕方や人間関係のもち方は，本人はもとより，周囲を困らせる。
思春期から青年期後期に明らかになり，ほかの障害に比べると個々の機能の障
害は軽いが，その障害の領域が広く，経過が長い。また，一般の人にも共通し
てある人格のうちで，ある特性が病的に強調された状態としてみることもでき
る。妄想性パーソナリティ障害，スキゾイドパーソナリティ障害，統合失調型
パーソナリティ障害，反社会性パーソナリティ障害，境界性パーソナリティ障
害，演技性パーソナリティ障害，自己愛性パーソナリティ障害，回避性パーソ
ナリティ障害，依存性パーソナリティ障害，強迫性パーソナリティ障害などに
分類される。

　■**対応**　パーソナリティ障害の傾向が著しい場合，不信感や被害者意識が強
い傾向があり，感情の揺れが大きく不安定であるため，対応は一筋縄ではいか
ずむずかしい。教師の対応が個々に異なると，本人が混乱して不安定になるた
め，学校であらかじめ一定の対応を話し合っておくことが重要である。衝動的
な言動をするときも，振り回されず，かつ見捨てられたとの感覚をもたせずに，
落ち着いて接することが結果として本人の安心感につながる。スクールカウン
セラーや専門の医療機関と連携しながら支援することが望まれる。　　　[光延]

**参考
文献**　厚生労働省「みんなのメンタルヘルス」→ウェブページ URL は巻末の引用文献を参照
　　　　岡田尊司『パーソナリティ障害がわかる本』筑摩書房，2014

## 問題 58　来談者中心療法を理解し教育相談にいかしたい

　**来談者中心療法**は，ロジャーズ（Rogers,C.R.）が創始したカウンセリングの立場で，日本では 1950 年代はじめに紹介され，わが国のカウンセリングの発展に強い影響を与えた。

　**来談者中心とは**　ロジャーズの臨床経験は，子どものための相談施設から始まった。乱暴な息子をもつ母親との面接は，なかなか洞察に至らず中断を提案したところ，母親は自分自身のカウンセリングを希望した。"母親として"ではなく，結婚生活の問題など自分自身のことを語り始めると面接は進展した。この経験から，解決への道筋を知っているのはクライエント自身であり，面接者は指示や助言をするよりも，許容的態度と感情の明確化が重要とした**非指示的療法**を確立，やがて来談者中心療法へと発展した。

　来談者（クライエント）中心というのは，従前の「患者とは病んでいて自分では治せない人であり，医師とは患者のことを患者より知っており，患者を治すことのできる人」という関係から，「人間は本質的に自分から成長していく能力をもち，自分の一貫性を維持して**自己実現**をめざす存在であり，心の問題の解決や治療をするのは，その問題をもつ人自身である」という考え方への転換であった。クライエントの人間性，その成長や成熟への動機と自由な感情表現や自己表現を重視し，カウンセラーはクライエントに対し，原因の指摘や解決法の提供ではなく，クライエントが自分の問題に責任をもって取り組めるよう，今まさにクライエントが経験しつつあることを，解釈や分析抜きに，そのまま受けとめて，その気持ちや考え方などに共感をもって理解していくとした。

　ロジャーズは建設的な人格変化のための中核条件を次のように提示した。**受容**は「無条件の積極的関心」といわれる態度で，相手の話すどのような内容や感情に対しても，条件を設けずに受け入れていくことであり，相手を独立した

独自の価値ある人間として尊重することである。たとえば，「悪い」行動や態度に対して説教や説得をしても，反発し「どうせわかってもらえない」という思いにさせるだけである。児童生徒の話を積極的に，肯定的な関心を向けて聴き，感情を受け容れることによって，児童生徒を内面から理解していくことが重要である。受容は「子どもの言い分を鵜呑みにする」「一切の叱責はしない」という誤った理解があるが，決して表面的言動を許容することではない点に留意したい。

**自己一致**（**純粋性**）は，表面をとりつくろうことなく，率直であるがままの（真実の）自己であろうとする態度のことをいう。児童生徒は教師の態度や言動にきわめて敏感で，教師の言葉と真意の不一致，つまり嘘やごまかしを簡単に見破ってしまう。**共感的理解**は，相手の個人的な内面世界をあたかも自身の世界であるかのように感じ理解する態度のことをいう。教師は，児童生徒が自身の体験の何をどのように意識しているのかを彼らの**内的照合枠**（経験・価値観・好み・考え方・偏見など，自分なりの枠）に立って理解する。そのためには教師は自身の内的照合枠を理解し，児童生徒の話を聴くときには自分の照合枠をいったん脇におくことが必要となる。児童生徒の立場に立って，児童生徒の存在そのものを理解し，児童生徒が体験しているが意識化できない体験の意味を，教師が言葉で伝えることで，児童生徒は意識化できるようになる。

**教師の自己理解の重要性**　教育活動において児童生徒理解は基盤となるが，教師の児童生徒を理解し洞察する能力は，教師自身がもつ自分への理解力，洞察力に呼応する。たとえば，教師自身が不安や責任を回避する方法にどのような防衛機制（不安から自我を守る無意識的なメカニズム）を用いているか気づくようになると，児童生徒の問題行動の背後にあるさまざまな心理的要因に気づき，共感するための心構えができる。すなわち，自己理解が高まると同時に他者受容や人間理解の感情が生じてくる。教師として自分の生き方や自分自身のあり方を把握し向かい合うことによって，児童生徒理解が深まり，その結果，児童生徒との情緒的交流がより豊かに展開されることになる。　　　　　　［光延］

参考
文献
佐治守夫・飯長喜一郎『新版ロジャーズ　クライエント中心療法』有斐閣，2011

**行動療法** ウォルピ（Wolpe,J.），アイゼンク（Eysenck,H.J.）らによって提唱された具体的な行動変容をめざす治療・援助方法である。行動療法は学習理論に基づき，人間の行動は**学習**によって身につくとしている。心理学における学習とは勉強するという意味ではなく，経験により比較的永続的な行動変化がもたらされることをいう。

**行動療法の特徴** ①観察可能な行動や症状を対象とし，②行動は「刺激－反応」の図式によってとらえる，③不適応行動も適応的な行動と同様に，学習の原理に従っておこなわれた誤った学習または未学習の結果と考え，行動療法の手続きによって不適応行動を消去し，それに替わる望ましい新たな行動の獲得を目標とする。

行動療法の代表的な技法の概要と教育場面での実際について以下に述べる。

①**系統的脱感作法**：不安や恐怖反応を引き起こしている緊張状態に対して，それらと両立しない弛緩反応を同時に引き起こす（脱感作）ことによって，不安や恐怖反応を段階的に消去する方法である。弛緩反応は筋弛緩法や自律訓練法などのリラクセーションの方法を練習する。

　たとえば，不登校の場合，まず「朝登校のしたくをする」ことで生じる不安や緊張をイメージすると同時にリラクセーション状態を自らつくり脱感作し，不安が生じなければ次に「校門まで行く」ことをイメージする。不安や恐怖を引き起こす刺激の低いものから高いものまで並べた不安階層表を作成し，段階的に「登校する」イメージを浮かべても不安や緊張を生じないようにしていく。スモールステップで進めることが大切である。

②**モデリング法**：モデルとなる望ましい行動を直接あるいは映像で見せ，児童生徒がそれを模倣することよって適応行動を習得させる方法である。たとえば，水遊びに強い恐怖をもつ児童に対して，ほかの子ども（モデル）が楽しく水遊びをしている姿を見せ，競争心や挑戦する動機を高める。この方法は他

人による強制ではなく，本人の同意を得ながら自主的に取り組むように導くことが大切である。

**認知行動療法** 行動療法，ベック（Beck. A. T.）の認知療法，エリス（Ellis. A.）の論理情動療法が組み合わされ，認知行動療法として統合された。認知と行動の変容を目的として，さまざまな技法をその対象に合わせて選択する。出来事や状況に対してどうみるか，考え方・とらえ方を**認知**と呼び，認知によって，生じる感情やその後の行動は変わってくると考える（図）。たとえば，友人が向こうから歩いてきて，私の前を黙って通り過ぎたとき，「無視された」と考えれば憂うつになったり腹が立ったりする。友人は私に「気づかなかった」と考えれば，さほど不快にならない。ある体験に対して自動的に生じる考えを**自動思考**と呼び，人は自動思考に従って状況や自分自身を解釈し意味づける。通常，自動思考の内容を検討することはしない。不適応行動につながる否定的で**かたよった認知**には，①過度の一般化：1つうまくいかないと，「自分は何1つ仕事ができない」と考える，②個人化：自分に関係ない出来事まで自分のせいだと考えたり，原因を必要以上に自分に関連づけて自分を責める，③二分法的思考：私に反対意見をいう人は敵だと白か黒かに区別するなど，ものごとや人を100％良いか悪いかでとらえてしまう両極端な考え方，④拡大解釈と過

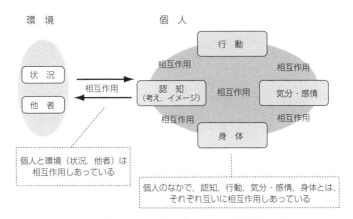

**図　認知療法・認知行動療法で用いる相互作用モデル**
（洗足ストレスコーピング・サポートオフィスのウェブサイトより）

小評価：都合の悪いことは大きく，反対によくできていることは小さく考える，⑤破局的思考：恋人から一日連絡がないと嫌われたと思いこむなど確認しないで「○○にちがいない」とネガティブに結論づける，などがある。認知行動療法は，かたよった認知に気づき，自動思考を検討して現実的な考え方に置き換えることをめざす。健常の人からうつ病や不安症など幅広く効果が認められている。　　　　　　　　　　　　　　　　　　　　　　　　　　　　　［光延］

 伊藤絵美『ケアする人も楽になる認知行動療法入門』医学書院，2011

# 問題 60 ストレスマネジメントを理解し教育相談にいかしたい

　いじめなど児童生徒の学校不適応や問題行動の背景にはストレスが関係しているという考え方はすでに一般的になっている。ストレスという言葉は，ある物質に外力が加わったときに，その内部に生じたひずみのことをいうが，この考え方を医学・生物学に初めて導入したのがセリエ（Selye,H.）であり，ストレス学説として発展させていった。

　**ストレスマネジメント**　ストレスが生起するメカニズムを知り（図），自身のストレス状況やストレス反応を理解し，コーピング（対処）を身につけることにより，ストレスを適切に対処できるようになることをめざす。ストレスは生きているかぎり大なり小なり生じるものだが，ストレスマネジメントを学び実践することで，セルフ・ケアする力や困難な状況にも柔軟に対処する力を育てるだけでなく，病気や問題の予防や，各人の能力をよりいかせるようになる。

　**ストレスとストレッサー**　心身の負担になる外部からの刺激や出来事をスト

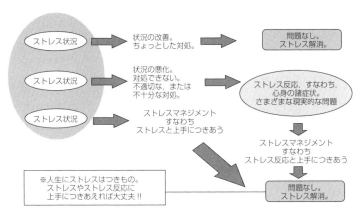

**図　ストレスと上手につきあう**
（洗足ストレスコーピング・サポートオフィスのウェブサイトより）

レッサーといい，ストレッサーによって個人の内部に生じる緊張状態を**ストレス**と呼ぶ。一般的には，ストレスとストレッサーを含めてストレスということが多い。ストレッサーの種類は，物理的なもの（暑さ・寒さ・騒音など），自然災害（地震・火災・台風など），生命の危機にかかわる体験（暴力・事故・犯罪など），喪失体験（家族・友人の死や大切なものを失う），心理社会的な事象（人間関係のトラブルなど）と幅広い。

ストレスによって引き起こされる心や身体のさまざまな反応を**ストレス反応**と呼ぶ。心理面の反応には不安・イライラ・恐怖・落ち込み・緊張・無力感など，行動面の反応には怒りの爆発・けんかなどの攻撃的行動，泣く・引きこもり・拒食・過食・幼児がえりなど，身体面の反応には，動悸・頭痛・腹痛・疲労感・食欲減退・睡眠障害・めまいなどがある。状況が改善したり，ストレッサーに対処できれば問題やストレス反応はなくなるが，ストレス状況が悪化したり，長期化すると，学校生活にも支障が生じるようになる。

ストレスは，ライフイベントと呼ばれる人生上の大きな変化（家族の死や病気，両親の離婚，転校，入学試験の失敗など）やデイリーハッスルズと呼ばれる日常経験する小さなわずらわしさ（自分の容姿が気に入らない，隣の席の人と気が合わないなど）から生じる。また，ストレッサーの質，強さ，期間と，ストレッサーを経験する個人の性格特性が影響しあって意味づけや負担感が変わる。

ストレッサーへの対処を**コーピング**（対処）という。ストレスがあってもストレス状況やストレス反応に対処方法をもち，問題解決に向けた対処行動がとれれば問題化しない。たとえば，休息（寝る，横になる，ぼーっとする），体を動かす，呼吸法，ストレッチ，アロマセラピー，入浴，おしゃべり，趣味や好きなことをするなどのリラクセーションなどがある。コーピングはいくつかの種類を用意し，ストレス状況に応じて使い分けられるように工夫することがストレス反応を起こさないための予防になる。 ［光延］

**参考文献** 中野敬子『ストレス・マネジメント入門 第2版』金剛出版, 2016

## 問題 61　解決志向アプローチ（ブリーフカウンセリング）を理解し教育相談にいかしたい

　短期の効率的な問題解決をめざす**ブリーフカウンセリング**は，教師が学校問題に適用しうる考え方と技法として広まっている。そのモデルの多くは，催眠療法家であり精神科医のミルトン・エリクソン（Erickson,M.）の実践から派生している。なかでも，解決の構築に焦点を当てる**解決志向アプローチ**（Solution Focused Approach）は，問題や原因から離れて子どもや家族の肯定的な面を取り上げるので，教師にとって受け入れやすく理解しやすいモデルである。

　**解決志向アプローチの基本的な考え方**　解決志向アプローチの中心哲学は，①うまくいっているのなら，変えなくていい（続けよ），②もし一度やってうまくいったなら，もう一度それをせよ，③うまくいっていないのなら，何かちがうことをせよ，というルールがすべてのことに対して適用されることにある。たとえば，児童生徒の指導でうまくいかない方法であることがわかっているのに，また同じやり方で指導してしまうことはありがちである。さらに，以下の4つの発想の前提がある。

①変化は絶えず起こっており必然である：「人間は変わらない」という言葉自体が変化を妨げると考え，「変化は必然」という発想を前提に「あなたは変わる」というメッセージを伝える。

②小さな変化は大きな変化を生み出す：ルール③の（何でもいいから）ちがうことをしてみるという発想のもとで小さな変化を提供する。失敗したらまたちがうことをしてみればよいと考える。

③「解決」について知るほうが，問題や原因を把握するよりも有用である。不登校になったのは母親の育て方が悪かったからだという「原因→問題・症状」という考え方は，過去は変えられないため，援助に必要な情報とは考えない。「なぜ，どのように問題が起こってきたか，原因を解明する」のではなく，「解決のために何が使えるか」を見つけながら聴く。

④人は自分自身の解決のための「**リソース**（資源・資質）」をもっており，その

人自身が解決の「専門家」である：来談者中心療法では，「自分や問題についての気づき」が重視されるが，解決志向アプローチでは自分の内外にあるリソースに気づき，それを解決の材料として使えるようにすることが重要と考える。リソースとは，その人がすでに「もっているもの」であり，内的なリソースにはその人の「能力」「興味・関心があること」，外的リソースでは，「家族」「友人」「外部機関」「地域」などがあげられる。

**解決志向アプローチの実際**　解決に向けて有効な質問や技法を使って面接が進められる。

① **「例外」探し**：問題には必ず例外がある。たとえば，いつもは子どもを叩く親に，叩かないですんだときを尋ね，「どうやってそれができたか」「何が役になったか」を問い，見いだされた対処法，工夫・努力，役に立つ考え方・経験，周囲からの協力などはリソースであり，それをさらにおこなうことが解決への近道となる。

② **コンプリメント**：ほめる，ねぎらう，称賛するなどリソースの肯定的なフィードバックであり，解決志向アプローチでは非常に重視される。

③ **コーピング・クエスチョン**：「（大変な状況に）どうやって対処してこられたのですか」など，困難な状況下の相談者に敬意を示し，その対処を尋ね，すでにそれだけの力があることを示唆する。

④ **望む未来や解決像，ゴールの質問**：「解決したら，どうなっていると思いますか。何が変わりますか」「最高の1日はどう過ごしていますか」「今の状態が少しずつよくなったら，何が変わってきますか」などの質問をする。**ミラクル・クエスチョン**は，「寝ている間に奇跡が起こり，問題が解決していたら，翌朝，どんな一日になるか」を尋ねる，このアプローチ特有の質問である。

⑤ **スケーリング・クエスチョン**：10を良い状態，1をその反対の状態（最低）として，今（最近）の数値を尋ねる。自信や抑うつ状態の程度など，本人にしかわからない感覚を数値化することで，現在の状態を共有できる。　[光延]

**参考文献**　黒沢幸子『ワークシートでブリーフセラピー』ほんの森出版，2012

## 問題 62　交流分析を理解し教育相談にいかしたい

　**交流分析**（Transactional Analysis）は，精神科医バーン（Berne,E.）が創始したカウンセリング理論であり技法である。医療，教育，福祉，司法，産業といった臨床領域のほか，企業研修やコンサルティングなど幅広く活用されている。交流分析は，人格理論，発達理論，コミュニケーション理論としても有用である。

　交流分析は，「人はみなOKな存在である」という哲学を前提にカウンセリングをおこなう。「OKな存在」とは，存在自体に価値があり，人間は変化し成長する欲求とエネルギーをもつ存在ととらえるという意味である。面接者と相談者は対等な立場で，相互尊重のもとオープンなコミュニケーションを重視する。相談者の気づきを促し，自発性を大切にし，人との親密な関係を築くことで自律性を高めることが交流分析の目標である。

　人を理解する方法として，交流分析には以下にあげる4つの柱がある。

①**自我状態分析**：「**自我状態モデル**」を用いて，その人の人格のなかには何があるのかを理解する。人はある一定のまとまりをもつ思考，感情，行動のセットとして〈子ども〉〈成人〉〈親〉と呼ばれる3つの部分があると考える（図）。**〈親〉の自我状態**には，養育者から取り入れた価値観やふるまい方などが保存されている。学校で暴言や暴力がある子は，自分の思いどおりにならならいときは相手を怒鳴ったり，段ったりして脅すという父親の行動や他者の気持ちを過小視するという価値観を取り入れている可能性がある。**〈子ども〉の自我状態**には，子ども時代から現在までのその人自身の体験や記憶が保存されている。そこには自然な感情や欲求も，合理的でない幼児的思考や感情もある。ペットと遊ぶときの楽しい感情は5歳の自分が体験した感情に似ているし，就職面接で緊張して声が出ないときは，小学校の音読発表会のときと同じ身体感覚や行動かもしれない。**〈成人〉の自我状態**は，「今・ここ」の状況に対して自分のもつリソース（資源）を動員して反応する理性的

「親」の自我状態 (Parent Ego State)：
親や親的な存在からコピーした思考，感情，行動のセット

「成人」の自我状態 (Adult Ego State)：
今・ここの問題解決に役立つ思考，感情，行動のセット

「子ども」の自我状態 (Child Ego State)：
子ども時代に経験し，記憶している思考，感情，行動のセット

**自我状態モデル**（門本，2017 一部改変）

な部分で，現実適応のための重要な機能を担う。自我状態の働きを5つの側面（支配的親，養育的親，成人，自由な子ども，順応した子ども）から棒グラフで表したものは**エゴグラム**（心理テスト）といわれ，学校や教育相談場面で児童生徒の理解に広く活用されている。

②**交流**（やりとり）**分析**：対人間の交流（コミュニケーション）について自我状態モデルを用いて視覚化し，何が起きているかを理解できる。自分がよくおこなう交流パターンや苦手な相手との交流を分析することで，これまでとちがうやりとりを試すヒントが得られる。

③**心理ゲーム分析**：「この人とはいつも最後いやな気分で終わってしまう…」という感じをもつとしたら，心理ゲームの可能性が高い。**心理ゲーム**とは，〈成人〉の自我状態の気づきがなく繰り返され，最後にはその人独特の嫌な感じで終わる交流である。家族，学校，職場での不適応やトラブルなどを心理ゲームの枠組みでとらえると，何が起きているか理解でき，解決策がみえてくる。

④**脚本分析**：最終的に，子どものころに決断し無意識に計画したその人の**人生脚本**の分析を通して，自身の人生への態度や深いレベルでの認知や価値観を扱い，その人がより健康に，自分の人生に責任をもつことを楽しんで生きていけるようになることをめざす。　　　　　　　　　　　　　　　　　　　[光延]

**参考文献** 中村延江他『図解＆ワークでわかる・身につく初学者のための交流分析の基礎』金子書房，2012

## 問題 63　動機づけ面接法を理解し教育相談にいかしたい

**動機づけ面接法とは**　動機づけ面接法（Motivational Interviewing）は，相談者が変わりたい方向を見いだし，その方向へ行動変容するための動機と決心を強化していく会話スタイルで，面接者は相談者と協同して面接を進める。行動療法の専門家であうミラー（Miller,W.R.）とロルニック（Rollnick,S.）が体系化し発展させた。行動変容に向け一定の方向づけをする「目標指向的要素」と，傾聴・受容および共感を旨として方向づけしない「来談者中心療法的要素」という一見すると相反する2要素を併せもった面接法である。**両価性**（相反する感情や欲求が拮抗する状態）の問題に有効とされている。

**動機づけ面接法の3つの原理**　人は会話において，自分の名前の読みまちがえなど，相手が気づかずにまちがったことをいうと，反射的に正したくなる。これを「**正したい反射**（Righting Reflex）」と呼ぶ。たとえば，校内で喫煙した生徒の指導の際，「今日初めて1回だけで，今まで吸ったことはない」という生徒に，喫煙の頻度の意味を明確化して，「1回だけなら校則違反ではない…」と返すと，生徒は意味内容の矛盾に違和感を抱いて，反射的に「いや，1回でも煙草は吸ってはいけないと思う」と訂正するかもしれない。生徒の正したい反射を利用して，生徒自らが自分の矛盾を意識できるように援助する。人は，変わることを意識する自分の発言によって変化へ動機づけられる。行動変容に無関心のようにみえる生徒であっても，100％現状維持を希望しているわけではなく，行動変容に向かう動機と現状にとどまる動機の両方が併存する。**開かれた質問**（「はい」「いいえ」で答えられない形式の質問）を使って行動変容問題について尋ねると，**チェンジトーク**（行動変容に指向する発言）と**維持トーク**（現状に指向する発言）が引き出される。このうちチェンジトークを選択的に区別して（分化），強化する（増大させていく）ことによって行動変容への自己動機づけを行うことを**分化強化**と呼ぶ。

**基本技法 OARS**　動機づけ面接法では面接者のあり方として，協同（来談者

と協力して問題解決にあたる)，受容 (たとえ好ましくない考えや行動であっても，来談者が面接関係のなかで表明することを許可する)，コンパッション (来談者の福祉向上を第一優先とする)，喚起 (来談者の本来もっている内的な動機を引き出す) を重視し，それらをスピリット (Spirit) と呼ぶ。

　動機づけ面接法は，OARS と呼ばれる基本技法を重視する。OARS とは，開かれた質問 (Open Question)，是認 (Affirming)，聞き返し (Reflection)，要約 (Summarizing) という 4 つの技法の頭文字を表している。教育相談に援用すると，**開かれた質問**は，生徒が自らの言葉を使って答えなければならないので，そのなかに矛盾を含む言動やチェンジトークが含まれやすいため介入の手がかりになる。**是認**は，生徒の言動，行動，長所などに対する肯定的な言動をさす。「やりましたね」「今日謝りにきたこと自体が第一歩ですね」「〜できたことには驚きました」などがこれにあたる。是認は「〜はすごいですね」「〜はよくできましたね」とった面接者の評価を伝える称賛とは異なる。**聞き返し**は，生徒の言葉をそのまま，あるいは含まれる意味をより明確にした表現に言い換えて返すことをさす。人は自分の発する言葉の内容を，発言している最中に十分に吟味することができない。聞き返しによって，生徒は自分の発した言葉の意味と自分の考えとのギャップについて吟味することができる。聞き返しでは，行動変容に向かう要素を分化強化したり，発言のなかに現れる行動の矛盾を明確化したりする点が動機づけ面接法の特徴である。聞き返しには，「単純な聞き返し」と「複雑な聞き返し」に大別される。複雑な聞き返しには，相手の発言そのものには表現されていない内容 (意味，感情，価値観など) を明確化する意味がある。**要約**は，それまでに生徒が語った言葉や，聞き返しによって合意に達した言葉を箇条書きのように列挙して返すことである。その際，矛盾を含む内容を並列に並べる時は，順接の接続詞 (そして，一方で) を使う。責められている感じになるのを回避し，矛盾を客観視する機会を提供するためである。

[光延]

**参考文献** 加濃正人『禁煙の動機づけ面接法』中和印刷，2015

## 問題 64　家族療法と家族支援を理解して教育相談にいかしたい

　児童生徒の問題には，家族関係が深くかかわっている。家族関係の問題が子どもの問題行動や症状としてしばしばあらわれる。そのため問題の解決には保護者を含めた家族との連携や協力が不可欠である。子ども自身へのアプローチだけでなく，保護者を含めた家族全体を支援することは，より効果的で迅速な解決を可能にする。複数人から構成される家族への支援は，個人面接とは違う家族面接特有の特徴とむずかしさがあるため，家族療法の視点や技法が参考になる。

　**家族療法**とは，家族全体を援助の対象とする臨床的アプローチの総称である。家族療法では家族を1つのシステムとみなす。**システム**とは，家族を単なる個人の集合体とみるのではなく，個々人は相互作用しながらひとまとまりの家族として機能するものととらえる。家族療法では，問題行動や症状を表している人をクライエントや患者と呼ばず，**IP**（Identified Patient）と呼ぶ。IPとは「患者とされた者」という意味である。家族システムのなかでたまたま問題行動や症状を表し，家族システムの機能不全を示している人ととらえる。問題や症状はIPのSOS（救助信号）であると同時に，家族システムのSOSでもあると理解する。したがって，家族システムの機能不全が回復し家族関係がよくなれば，個人の問題や症状は消失すると考える。

　**因果律と円環律**　家族の問題をシステムの相互作用から生じているととらえるということは，結果の原因を特定できないということでもある。たとえば，子どもの不登校の原因は勉強ができないことにあると特定するなら，その原因を取り除くことが解決につながるという因果律（原因→結果）で一般的には考える。いっぽう，システミックな見方では，原因が結果をうみ，その結果が原因になるという**円環律**（原因↔結果）で現象をとらえる。子どもの不登校は勉強ができないことによるかもしれないが，親の保護や関心を求める行動かもしれない。親が保護すれば子どもは不登校を続け，不登校が続けば一層保護すると

**図 対処行動の悪循環と症状の維持**（平木・中釜,2006）

いった悪循環が起こる。さらに，そこにいじめが加わり，より複雑に問題が維持されている可能性もある。そこで家族療法では，その悪循環のどこかが変化すれば家族システムの健全な相互作用が回復するかを見いだそうと試みる（図）。

　**ジョイニングと多方向への肩入れ**　家族メンバーが複数同席した家族療法における信頼関係づくりを**ジョイニング**（joining）という。面接者が家族を理解し，問題解決に向けて家族と一緒に協力して動こうとする態度を示し，安全で守られた面接場面をつくることも面接者にとって非常に重要である。ジョイニングは，たとえば家族特有の言葉づかい，価値観などを大切にすること，家族メンバーの年齢相応の悩みに共感すること，面接場面に参加していない家族メンバーや祖父母への配慮を示すこと，ときにユーモアや冗談で雰囲気を和らげること等により促進される。ジョイニングの具体的な態度・技法として，**多方向への肩入れ**（multi-directed partiality）があり，面接者が家族メンバー一人ひとりの味方になって，それぞれの人の思いを受けとめることである。メンバー間に意見や見解の対立がある場合でも，それぞれの立場が公平に聞き届けられ，誰もが大切にされる体験をすることは，家族メンバー間の相互信頼の基盤ともなっていく。　　　　　　　　　　　　　　　　　　　　　　　　　　　　[光延]

**参考文献**　日本家族研究・家族療法学会編『家族療法テキストブック』金剛出版，2016

## 問題 65　構成的グループエンカウンターを理解し教育相談にいかしたい

**構成的グループエンカウンター**　グループを活用して，参加するメンバーに対して治療的あるいは成長を促進する効果をもたらすアプローチをグループ療法という。グループエンカウンターはグループ療法のなかでも教育相談に必要とされる人間関係を養う代表的な手法である。「エンカウンター」とは"出会う"という意味であり，ロジャーズらのエンカウンターグループでは，自己理解および他者との相互理解を深め，人間的成長・自己洞察・対人技能を目的としたグループ体験を提唱した。その内容は，話題を限定しない自由討議形式（ベーシックエンカウンターグループ：非構成的エンカウンターグループ）と，決められた課題に取り組む実習形式（構成的エンカウンターグループ）とがある。いずれも参加者中心の相互のフィードバックによる体験学習である。

　学級で実施する場合，所定の時間内におさめられ，参加メンバーである児童生徒の態勢に応じてエクササイズの順序や時間配分をリーダーとなる担任教師が配慮できるため心的外傷を予防しやすいことから構成的エンカウンターグループを実施することが多い。教師はそのねらい（クラスづくり，道徳や総合学習の時間での取り組み，教科学習の導入や学校行事のモチベーションを高めるためなど）や，児童生徒の学年，学級の雰囲気，実施時期などを考慮して，エクササイズ・ワークと呼ばれるゲームのようなものを選択する。エクササイズ・ワークは，リレーション（信頼関係）を促進するもの，自分の価値観や行動様式を認識するものなど多くの種類がある。一般には，導入の教示のあと，ウォーミングアップ（メンバーの緊張を和らげる）になる簡単なワーク，主たるエクササイズという流れでおこなうことが多い。

　児童生徒が主体的に楽しんでエクササイズに参加できるような導入，（課題ができなかったことでの）心的外傷を防ぐこと，適切なグルーピングという点を十分に考慮して実施する。やりたくないこと・言いたくない場合にはNO（今はやりたくない，そのことは言いたくない）と言ってもよいことを保証し，グルー

プ体験のなかで言いたいことが生じたならばグループのなかで言うこと，グループ外で噂話や陰口をしないことなどルールを明確にして，グループ環境の安全と保護を作るものリーダーである教師の重要な役割である。

　また，エクササイズの体験をその場かぎりに済ませず，日常に活かすために，エクササイズを通して感じたことや気づいたことなどを語り合うシェアリングの時間を十分にとる。

　**構成的グループエンカウンターの意義**　構成的グループエンカウンターでは，エクササイズ・ワークを通して，いろいろな人と言語的・非言語的に出会い，話し合いをするという体験をし，気づいたことをメンバー同士で振り返り，分析し，より好ましいあり方の仮説を立て，また体験するというサイクルを回す。このことによって，ただ頭で理解するだけではなく，自分の「今・ここで」の体験を通して，自分のあり方，人とのかかわり方など対人関係の問題について，体験に基づくより深い理解をしていくことになる。体験のプロセスに焦点をあてることによって生み出されるさまざまな気づきが尊重される学習であり，グループの一員として，適切で効果的に行動するためのスキルを磨くことによって，やる気と課題達成能力，対人関係能力を高める教育技法の1つであるといえる。

　人間の生涯発達は，文化的・社会的・性格的に自己と異なる他者との出会いの連続である。自分と他者を尊重した率直で誠実な人間関係を築くこと，集団のなかに個を埋没させることと孤立という葛藤のなかで統合的に生きること，異文化との交流のなかで自分を表現できること，個人がもっている能力を最大限に発揮して環境によりよく対応できるようになることをめざす。　　　［光延］

**参考文献** 諸富祥彦『ほんもののエンカウンターで道徳授業』明治図書出版，2014

# 引用文献

## 第1章

秋田喜代美・佐藤学編　2015『新しい時代の教職入門　改訂版』有斐閣

北俊夫　2016「コミュニティスクールのいま」『教育の小径』94，文溪堂

下山晴彦編　2009『よくわかる臨床心理学改訂新版』ミネルヴァ書房

文部科学省　「新しい時代の教育や地方創生の実現に向けた学校と地域の連携・協働の在り方と今後の推進方策について（答申）」http://www.mext.go.jp/b_menu/shingi/chukyo/chukyo0/toushin/__icsFiles/afieldfile/2016/01/05/1365791_1.pdf 2015

文部科学省　2017「チームとしての学校の在り方と今後の改善方策について（答申）」http://www.mext.go.jp/b_menu/shingi/chukyo/chukyo0/toushin/__icsFiles/afieldfile/2016/02/05/1365657_00.pdf

内閣府　『平成29年版子供・若者白書（概要版）』http://www8.cao.go.jp/youth/whitepaper/h29gaiyou/pdf_indexg.html

## 第2章

文部科学省　2010『生徒指導提要』教育図書

生徒指導・進路指導研究センター　2012『生徒指導リーフ　生徒指導って，何？』

国立教育政策研究所　「生徒指導リーフ」http://www.nier.go.jp/shido/leaf/#leaf-series

文部科学省　2017『中学校学習指導要領』

文部科学省　2017『中学校学習指導要領解説』

文部科学省　2009『高等学校学習指導要領』

国立教育政策研究所　「生徒指導を理解する～『生徒指導提要』入門～」https://www.nier.go.jp/a000110/kiyou140p.pdf#search=%27教育課程と生徒指導%27

国立教育政策研究所生徒指導研究センター　2011『中生徒指導の役割連携に向けて―生徒指導主事に求められる具体的な行動（高等学校編）』

滝充　2012「小学校からの生徒指導 ～『生徒指導提要』を読み進めるために～」『国立教育政策研究所紀要』第140集（平成23年3月）

渡部芳樹　2015「生徒指導の方法原理の枠組み―デューイの教育哲学における個性概念の再考を通じて」『流通経済大學論集』49（3），255-265頁

文部科学省　2013「体罰の禁止及び児童生徒理解に基づく指導の徹底について（通知）」http://www.mext.go.jp/a_menu/shotou/seitoshidou/1331907.htm

文部科学省　2016「平成27年度『児童生徒の問題行動等生徒指導上の諸問題に関する調査（確定値）』」http://www.mext.go.jp/b_menu/houdou/29/02/1382696.htm

文部科学省　2016「いじめ防止対策推進法の施工状況に関する議論のとりまとめ」http://www.mext.go.jp/b_menu/shingi/chousa/shotou/124/houkoku/1379121.htm

## 第3章

文部科学省　2017『中学校学習指導要領解説』

文部科学省　2010『生徒指導提要』教育図書

西林克彦・三浦香苗・近藤邦夫・村瀬嘉代子編　2000『発達と学習の支援』新曜社

石隈利紀　1999『学校心理学―教師・スクールカウンセラー・保護者のチームによる心理教育的援助サービス』誠信書房

河村茂雄　2006『学級づくりのためのQ-U入門』図書文化社

増田健太郎　2015「学校・教育領域において求められる心理職の活動」『臨床心理学』15（2），金剛出版，151-155頁

文部科学省　2015「学校における教育相談に関する資料（いじめの定義）」http://www.mext.go.jp/b_menu/shingi/chousa/shotou/120/gijiroku/__icsFiles/afieldfile/2016/02/12/1366025_07_1.pdf#search=%27学校における教育相談に関する資料%27

文部科学省　2016「平成 27 年度スクールソーシャルワーカー活用事業実践活動事例集」http://www.mext.go.jp/a_menu/shotou/seitoshidou/__icsFiles/afieldfile/2016/10/13/1378055_01.pdf#search=%27 スクールソーシャルワーカー + 人数 %27

文部科学省　2017「現代的健康課題を抱える子供たちへの支援〜養護教諭の役割を中心とし〜」http://www.mext.go.jp/a_menu/kenko/hoken/__icsFiles/afieldfile/2017/05/01/1384974_1.pdf

文部科学省　2017『中学校学習指導要領解説』

文部科学省　1999「初等中等教育と高等教育との接続の改善について」

文部科学省　2011『中学校キャリア教育の手引き』

長田徹　2017『新学習指導要領におけるキャリア教育』国立教育政策研究所　http://www.nier.go.jp/shido/centerhp/zensin-29/data/29kityoukouen.pdf#search=%27 新学習指導要領とキャリア教育 %

**第4章**

文部科学省　2016「平成 27 年度『児童生徒の問題行動等生徒指導上の諸問題に関する調査（確定値）』」URL 前掲

増田健太郎　2015「不登校生徒に関する追跡調査報告書（文部科学省平成 26 年度）の結果から読み取る最近の不登校と今後の対応」『子どもの心と学校臨床』12 号，遠見書房

石川悦子編　2015「中 1 ギャップと不登校」同上

国立教育政策研究所「生徒指導リーフ　中 1 ギャップの真実」https://www.nier.go.jp/shido/leaf/leaf15.pdf#search=%27 生徒指導リーフ + 中 1 ギャップ %27

佐藤史浩　2016「小中一貫教育校の制度化過程の分析」『研究論文集』123 号

小澤美代子　2015「上手な登校刺激の与え方」『教育と医学』慶応義塾大学出版，747，30-37 頁

文部科学省　2015「教育支援センター（適応指導教室）に関する実態調査」http://www.mext.go.jp/b_menu/shingi/chousa/shotou/108/shiryo/__icsFiles/afieldfile/2015/09/07/1361477_03.pdf#search=%27 教育支援センター %27

不登校に関する調査研究協力者会議　2016「不登校児童生徒への支援に関する最終報告〜一人一人の多様な課題に対応した切れ目のない組織的な支援の推進〜」http://www.mext.go.jp/component/b_menu/shingi/toushin/__icsFiles/afieldfile/2016/08/01/1374856_2.pdf

文部科学省　2015「学校における教育相談に関する資料（いじめの定義）」URL 前掲

森田洋司・清水賢二　1994『いじめ―教室の病（新訂版）』金子書房

森田洋司　2010『いじめとは何か―教育の問題，社会の問題』中央公論新社

本間友己　2014「いじめへの理解とスクールカウンセラーの役割」『子どもの心と学校臨床』11 号，遠見書房

文部科学省　2015「平成 27 年度『児童生徒の問題行動等生徒指導上の諸問題に関する調査（確定値）』」URL 前掲

中井久夫　1997「いじめの政治学」『アリアドネからの糸』みすず書房

斎藤環　2016「大人たちはなぜ『いじめ』に気づけないのか？」『臨床心理学』96，金剛出版，651-656 頁

田代順　2016「加害者の思考・行動を『教育』する―加害者臨床」同上 695-699 頁

東京都教育委員会　2014「いじめ問題に対応できる力を育てるために―いじめ防止プログラム」http://www.metro.tokyo.jp/INET/OSHIRASE/2014/02/DATA/20o2r500.pdf

西井克泰　2014「いじめの予防：未然防止という観点から」村山正治・福田憲明編『子どもの心と学校臨床』11，遠見書房，83-90 頁

村尾泰弘　2012『非行臨床の理論と実践』金子書房

田嶌誠一　2014「暴力問題と安心・安全社会の構築」『教育と医学』732，慶応義塾大学出版，2-3 頁

藤岡淳子　2016「性暴力の理解と治療教育」『児童青年精神医学とその近接領域』57（3），日本児童青年精神医学会，372-378 頁

藤岡淳子　2013「性非行に対応する大人たちに知っておいてほしいこと」『教育と医学』722，慶応義塾大学出版，68-74 頁

水谷修　2001『薬物乱用―いま，何を，どう伝えるか』大修館書店

友田明美　2013「児童虐待と脳科学」『児童青年精神医学とその近接領域』54 (3)，日本児童青年精神医学会，260-268 頁

庄司順一　2001『子ども虐待の理解と対応』フレーベル館

W. ボーグ他著／藤川洋子・小澤真嗣監訳　2003『子どもの面接ガイドブック－虐待を聞く技術』日本評論社

浅井春夫　2017「保育と子どもの貧困」『発達―特集 いま，子どもの貧困を考える』151，ミネルヴァ書房

Joiner,T.E. ／北村俊明監訳　2011『自殺の対人関係理論―予防・治療の実践マニュアル』日本評論社

川野健治　2015「学校における自殺予防の試みとその課題」『精神科治療学』30 (4)，511-516 頁

三原聡子・樋口進　2015「増え続けるネット依存：ネット社会が生み出す新たな疾病」『月刊地域保健 』46 (11)，東京法規出版，30-35 頁

橋元良明　2015「調査から見た日本のネット依存の現状と特徴」『教育と医学』63 (1)，慶應義塾大学出版会，60-67 頁

文部科学省　「『日本語指導が必要な児童生徒の受入状況等に関する調査（平成 28 年度）』の結果について」http://www.mext.go.jp/b_menu/houdou/29/06/__icsFiles/afieldfile/2017/06/21/1386753.pdf

佐藤郡衛　2017「国際化の中で問われる日本の学校と学校文化」『児童心理』1035 号，金子書房

文部科学省　「学校教育における JSL カリキュラム（中学校編）」http://www.mext.go.jp/a_menu/shotou/clarinet/003/001/011.htm

文部科学省　「性同一性障害や性的指向・性自認に係る，児童生徒に対するきめ細かな対応等の実施について（教職員向け）」http://www.mext.go.jp/b_menu/houdou/28/04/__icsFiles/afieldfile/2016/04/01/1369211_01.pdf

石丸径一郎　2017「性同一性と性指向」『児童心理』1034 号，金子書房

石丸径一郎　2017「子どもの性同一性障害」同上 1035 号

文部科学省　2016「平成 27 年度『児童生徒の問題行動等生徒指導上の諸問題に関する調査（確定値）』」URL 前掲

福岡県臨床心理士会編　2005『学校コミュニティへの緊急支援の手引き』金剛出版

上地安昭　2004「学校危機対応実践プラン：学校はいま何をどうすればよいのか（学校危機への支援と危機管理：教育心理学は何を提供できるのか）」『教育心理学年報』43

瀧野揚三　2012「学校危機と緊急支援」『新・青年心理学ハンドブック』福村出版

藤森和美　2009『学校安全と子どもの心の危機管理』誠信書房

カプラン／新福尚武監訳　1970『予防精神医学（原書 Caplen,G. 1964）』朝倉書店

齋藤歡能監修・渡邉正樹編著　2006『学校安全と危機管理』大修館書店

### 第 5 章

文部科学省　2012「共生社会の形成に向けたインクルーシブ教育システム構築のための特別支援教育の推進」http://www.mext.go.jp/b_menu/shingi/chukyo/chukyo3/044/attach/1321668.htm

厚生労働省「発達障害の理解のために」http://www.mhlw.go.jp/seisaku/dl/17b.pdf#search=%27 発達障害の理解のために＋厚生労働省 %27

吉田友子　2012『「その子らしさ」を生かす子育て（改訂版）』中央法規

加藤醇子編　2016『ディスレクシア入門』日本評論社

ローナ・ウィング／久保紘章・佐々木正美・清水康夫監訳　1996『自閉症スペクトル―親と専門家のためのガイドブック』東京書籍

文部科学省「特別支援教育の対象の概念図」http://www.mext.go.jp/component/b_menu/shingi/giji/__icsFiles/afieldfile/2012/06/26/1321577_1.pdf#search=%27 特別支援教育概念図 %27

東京都教育委員会「個別の教育支援計画による支援の実際」http://www.mext.go.jp/component/b_menu/shingi/giji/__icsFiles/afieldfile/2012/06/26/1321577_1.pdf#search=%27 特別支援教育概念図 %27

東京都教育委員会「小・中学校の特別支援教育の推進のために」（平成 29 年）http://www.kyoiku.
　metro.tokyo.jp/buka/shidou/sc_tokushi_suishin.htm#no01
文部科学省「通常の学級に在籍する発達障害の可能性のある特別な教育的支援を必要とする児童生
　徒に関する調査結果について」http://www.mext.go.jp/a_menu/shotou/tokubetu/material/__
　icsFiles/afieldfile/2012/12/10/1328729_01.pdf
文部科学省「文部科学省所管事業分野における障害を理由とする差別の解消の推進に関する対応指
　針」https://www.jfd.or.jp/info/2015/sabekai/09-mext-shishin.pdf#search=%27 文部科学省所管
　事業分野における障害を理由とする差別の解消の推進に関する対応指針について」%27
松村勘由「特別支援教育コーディネーターの役割・機能について」国立特別支援教育総合研究所，
　https://www.nise.go.jp/kenshuka/josa/kankobutsu/pub_c/c-58/c-58_02_01.pdf

第6章

杉山登志郎編著　2009『講座子どもの心療科』講談社
カナー／黒丸正四郎・牧田清志訳　1964『児童精神医学』医学書院，151-155 頁
内山喜久雄・坂野雄二編著　1991「問題行動の見方・考え方」実践問題行動教育大系 4，開隆堂
林陽子他　2012「小・中学生の強迫傾向に関する調査」児童青年精神医学とその近接領域 (53) ,1-
　10 頁
齊藤卓弥　2013「子どものうつ病と双極性障害の臨床における標準的な診療指針を目指して」『児
　童青年精神医学とその近接領域』54, 132-147 頁
傳田健三他　2004「小・中学生の抑うつ状態に関する調査—Birleson 自己記入式抑うつ評価尺度
　(DSRS-C) を用いて」『児童青年精神医学とその近接領域』45, 日本児童青年精神医学会学会，
　242-436 頁
松本英夫　2009「思春期のメンタルヘルス」改訂・保育士養成講座編纂委員会編『精神保健』保育
　士養成講座第 4 巻，全国社会福祉協議会
神谷侑希香・末松弘行　2017「愛知県の高校生における摂食障害の疫学調査と養護教諭の対応と実
　態」『学校保健研究』59，107-115 頁
賀古勇輝他　2014「シンポジウム 4：児童思春期の統合失調症について考える」『児童青年精神医
　学とその近接領域』55, 日本児童青年精神医学会，372-377 頁
厚生労働省「みんなのメンタルヘルス」http://www.mhlw.go.jp/kokoro/

第7章

佐治守夫・飯長喜一郎編 2011『ロジャーズ　クライエント中心療法〔新版〕』有斐閣
津川律子・山口義枝・北村世都編 2015『教育相談』弘文堂
森俊夫・黒沢幸子　2002『解決志向ブリーフセラピー』ほんの森出版
森俊夫　2000『先生のためのやさしいブリーフセラピー』ほんの森出版
黒沢幸子　2017「ソリューション・フォーカスト・セラピー」『臨床心理学』17 (4)，金剛出版，
　506-507 頁
門本泉　2017「交流分析」『臨床心理学』17 (4)，金剛出版，464-465 頁
加濃正人　2015『禁煙の動機づけ面接法』中和印刷
I. スチュアート・V. ジョインズ／深沢道子監訳　1991『TA TODAY』実務教育出版
ロルニック・ミラー他／後藤恵訳　2010『動機づけ面接法実践入門』星和書店
奥田健次　2012『メリットの法則—行動分析学・実践編』集英社
杉山尚子　2005『行動分析入門』集英社
平木典子・中釜洋子　2006『家族の心理』サイエンス社
津村俊充・山口真人編　2005『人間関係トレーニング—私を育てる教育への人間的アプローチ』ナ
　カニシヤ出版

# 索　引

## あ

ICD　101
アイデンティティ確立　13
IP　145
悪夢　128
安心・安全な場の維持　73
維持トーク　143
いじめ　9,64,67,69,71,74
　——の認知（発生）率　70
　——のメカニズム　69
いじめ自殺問題　43
いじめ防止対策推進法　68,74
いじめる子どもへの対応　71
一般的理解　30
今，ここで　40
医療機関　57
因果律　145
インクルーシブ教育システム　99
インターンシップ　55
インペアメント（機能障害）　101
ウィング，L.　103
ウィングの三つ組
ウェクスラー検査　35
うつ　125
エゴグラム（心理テスト）　142
SNSなどの普及による環境の変化　64
MMPI ミネソタ多面的人格目録性格検査　35
エリクソン，M.　139
エリクソン，E.H.　11
LGBT　93
円環律　145
援助的コミュニケーション　37
OARS　144
〈親〉の自我状態　141

## か

解決志向アプローチ　139,140
外国にルーツをもつ子ども　92
解釈・説明　38
改正個人情報保護法　58
ガイダンス　55

概日リズム睡眠障害　128
外部専門機関との連携　48
カウンセリング　55
カウンセリングマインド　28,44
「関わり」の重視　73
学習　134
学習指導要領　21,54
学習障害　106
学習体制の変化　64
学習内容の負荷の増大　64
家族支援　108
家族への対応　62
家族療法　145
かたよった認知　135
学校安全　96
学校運営協議会制度　7
学校機器　97
学校教育相談　27
学校教育法　25,26
学校におけるいじめ防止　72
家庭裁判所　57
家庭訪問　65
カナー，L.　123
感覚刺激　104
観察法　34
感情の反射　37
簡単な受容　37
関与しながらの観察　32
危機　97,98
聞き返し　144
危機管理　96,97
危険ドラッグ　82
帰国・外国人児童生徒　9
気づく　114
器物破損　79
虐待　84
脚本分析　142
キャリア・コンサルタント　96
キャリア教育　54
Q-U（Questionnaire-Utilities）テスト　36
教育機会確保法　60
教育基本法　25
教育支援センター（適応指導教室）　66

教育センター　56
教育相談　29
教育相談所（教育研究所）56
教育的ニーズ　114
共感的理解　133
教師との連携　52
教師の自己理解　133
共生社会　119
　──の形成　99,109
強迫観念　126
強迫行為　126
強迫症　126
「協力」が「排除」を生む危険性　73
緊急支援プログラム　98
クライシス・マネジメント　97
繰り返し　37
グループエンカウンター　147
系統的脱感作法　134
限局性学習症（SLD）101,106
言語聴覚士　106
研修・講演の実施　48
公共的使命　8
構成的グループエンカウンター　147,148
「構造化」支援　104
校則　25
行動療法　134
行動連携　23
公認心理師　47
広報活動　49
校務分掌　23
合理的配慮　99,100,115
　──の提供　99
交流（やりとり）分析　142
交流分析　141
コーピング（対処）138
コーピング・クエスチョン　140
心の健康調査　36
個人情報保護法　58
子ども虐待　84
子ども食堂　86
〈子ども〉の自我状態　141
子どもの自殺　75,87
子どもの貧困　85,86
子どもの貧困対策の推進に関する法律（子ども
の貧困対策法）85
子ども・若者育成支援推進法　16
子供・若者が犯罪等の被害に遭いにくいまちづ
くり　16

個別指導　19
個別（の）指導計画　110,113,114
個別的理解　31
個別の教育支援計画　59,110-112
コミュニティスクール　7
コンサルテーション　48
コンプリメント　140

さ

作品法　34
視覚支援　104
自我状態分析　141
自我状態モデル　141,142
自己一致（純粋性）133
自己実現　132
自己指導能力　18
自殺　75,87
　──の防止（自殺予防）88,89
思春期　13,122
思春期妄想症　130
システム　145
質問紙調査法　34
質問紙法　35,36
児童期（学童期）11,121,122
児童虐待防止法　85
自動思考　135
児童自立支援施設　56
児童生徒の面接　48
児童生徒理解　30
児童相談所　56
指導内容・方法の決定　114
指導の実践と記録，評価　114
児童福祉機関　56
自閉スペクトラム症　101,103
社会性　104
社会的イマジネーション　104
社会的コミュニケーション　104
社会的支援　13
社会的障壁　100,119
社会モデル　100,119
社交不安症　126
就学援助　87
重大事態　36
集団指導　19
集団守秘義務　48
授業者の役割　73
出席停止　26
守秘義務　59

受容　132
巡回相談員　110
準拠枠　31
ジョイニング　146
障害　107
障害者差別解消法（障害を理由とする差別の解消の推進に関する法律）　99
障害者の権利に関する条約　99
障害理解教育　119
症状・問題行動　123
衝動性　105
情報開示・共有　59
情報公開　58
情報連携　23
私立学校法　25
事例研究法　34
神経性過食症（過食症）　129
神経性やせ症（拒食症）　129
神経発達症群（発達障害）　79,101,102
人生脚本　142
身体障害　100
身体症状　122
身体的虐待　84
身体的性別　93
新版 TEG Ⅱ 東大式エゴグラム　35
心理ゲーム　142
心理ゲーム分析　142
心理検査法　34
心理社会的自我発達理論　11
心理的虐待　84
進路指導　54
睡眠異常　128
睡眠時随伴症　128
睡眠障害　128
スクリーニング　106
スクールカースト　69
スクールカウンセラー　47-50
スクールソーシャルワーカー　50,51
スケーリング・クエスチョン　140
ストレス　137,138
ストレス調査　36
ストレス反応　138
ストレスマネジメント　137
ストレッサー　137
性格検査　35
生活ノート　43
生活リズムの変化　64
性感染症　81

性指向　93
青少年育成施策大綱　16
青少年の保護育成のための法制度　16
青少年保護育成条例　16
精神障害　100
精神症状　122
精神年齢　34
〈成人〉の自我状態　141
精神発達　34
性的虐待　84
性的マイノリティ　92,93
性同一性（性自認）　93,94
生徒間暴力　79
生徒指導　17,29
　　──の指導原理　19
生徒指導主事　23
生徒指導体制　23,24
青年期　13,121,122
性非行　81
性表現　93
積極的傾聴　37
摂食障害　128
説明責任　58
是認　144
セリエ，H.　137
選択制緘黙　126
先輩・後輩　63
専門家チーム　110
早朝覚醒　128
ソーシャルサポート　13

た

対教師暴力　79
体験活動　55
第三者委員会　43
対処行動　146
対人暴力　79
第二次性徴　13
第 2 次反抗期　14
体罰　26
正したい反射　143
多動性　105
多方向への肩入れ　146
短期個別指導計画　113
地域全体で子どもを育む環境づくり　16
地域との連携・協働　16
地域若者サポートステーション　96
「チームとしての学校」（「チーム学校」）

9,10,16
チェックリスト　32,33
チェンジトーク　143
知的障害　100
知能検査　34
知能指数　34
注意欠如多動症（ADHD）　79,101,105
中1ギャップ　63
中枢神経障害　101
中途覚醒　128
中途退学　95
懲戒　25
直面化　38
通級指導教室　106
提案　38
TAT　35
DSM　101
適切な目標　114
投影法　35
動機づけ面接法　143,144
登校刺激　60
統合失調症スペクトラム　130
特別支援学校のセンター的機能　110
特別支援教育　9,102,106,109,115,116
特別支援教育コーディネーター
108,110,117,118
特別支援教育に関する委員会（校内委員会）
　110
特別支援連携協議会　110

### な
内的照合枠　133
ナルコレプシー　128
2次障害　102
日本語指導　92
日本版K-ABC II　35
乳児期　121
入眠障害　128
乳幼児健康診断　102
人間関係の再構築　63
認知　135
認知行動療法　135
ネグレクト　84
ネット（インターネット）　90
ネット（インターネット）依存　90
ノイズキャンセリングイヤフォン　104
望む未来や解決像，ゴールの質問　140

### は
パーソナリティ障害　130
バーン，E.　141
背景調査　75
バウムテスト　36
発達期　101
発達性ディスレクシア　106
発達の危機　12
パニック症　126
ハローワーク　96
P-Fスタディ　35
被虐待　79
非行　76
非行行為　77
非指示的療法　132
ビネー，A.　34
ビネー式検査　35
開かれた質問　143,144
貧困の連鎖　86
不安症群　125
不注意　105
不注意症状　103
不登校　60
　──からの回復　62
不当な差別的取扱いの禁止　99
フラッシュバック　83
ブリーフカウンセリング　139
分化強化　143
文章完成法　35
暴力行為　79
　──の防止　80
保健室　52
保健室登校　53
保護者の面接　48
保証　38

### ま
ミラー，W.R.　143
ミラクル・クエスチョン　140
むちゃ食い障害　129
夢中遊行　128
明確化　37
面接法　34
面談　39,40,41,45
面談記録　41,42
モデリング法　134

## や

夜驚症　128
薬物乱用　82
役割連携　23
勇気づけ　38
養護教諭　52
養護施設　56
幼児期　121
要約　144
予期不安　126
抑うつ　125
抑うつ気分　125
抑うつ状態　125
欲求不満耐性　11
予防　18

## ら

来談者中心療法　132
ラポール　39
リスク・マネージメント　97
リソース（資源・資質）　139
倫理的ジレンマ　59
「例外」探し　140
レディネス（準備性）の不足　63
連携型個別指導計画　113
ロールシャッハ・テスト　35
ロジャーズ，C.R.　132
ロルニック，S.　143

## わ

Y-G 矢田部ギルフォード性格検査　35

［編者紹介］

岩田　淳子（いわた　あつこ）
　青山学院大学大学院文学研究科修了
　板橋区立加賀福祉園心理職，調布市教育相談所カウンセラー，スクールカウンセラーなどを経て，現在，成蹊大学教授
　青山学院大学大学院兼任講師，東京都児童福祉専門員，東京臨床心理士会理事他
　（主な著書）
　『学生相談と発達障害』（共編著）学苑社
　『発達障害のある大学生への支援』（分担執筆）金子書房
　『学生相談ハンドブック』（分担執筆）学苑社
　『発達障害と家族支援』（分担執筆）金子書房　ほか

教育学のポイント・シリーズ
生徒理解・指導と教育相談　新編

2018年3月1日　第1版第1刷発行

編者　岩　田　淳　子

発行者　田　中　千津子

〒153-0064　東京都目黒区下目黒3-6-1
電話　03（3715）1501 代
FAX 03（3715）2012
http://www.gakubunsha.com

発行所　株式会社　学文社

印刷　新灯印刷

ISBN 978-4-7620-2762-8